O IMPACTO DO PLANEAMENTO DO SECTOR DE ENERGIA ELÉCTRICA ANGOLANO NO PROCESSO DE INTEGRAÇÃO REGIONAL DA ÁFRICA AUSTRAL

Número de Control de la Biblioteca del Congreso de EE. UU.:   2014915469
ISBN: Tapa Dura   978-1-4633-9165-2
                     Tapa Blanda   978-1-4633-9164-5
                     Libro Electrónico   978-1-4633-9163-8

Para realizar pedidos de este libro, contacte con:
Palibrio LLC
1663 Liberty Drive
Suite 200
Bloomington, IN 47403
Gratis desde EE. UU. al 877.407.5847
Gratis desde México al 01.800.288.2243
Gratis desde España al 900.866.949
Desde otro país al +1.812.671.9757
Fax: 01.812.355.1576
ventas@palibrio.com
671120

ÍNDICE

INTRODUÇÃO 13

CAPÍTULO I: CARACTERIZAÇÃO DO ESTADO ECONÓMICO,
FINANCEIRO E SOCIAL DE ANGOLA A PARTIR DA SEGUNDA
METADE DA DÉCADA DE OITENTA ATÉ À PRIMEIRA METADE DA
DÉCADA DE NOVENTA, TENDO COMO BASE OS INDICADORES
ESTRUTURAIS E CONJUNTURAIS. 17
   1.1 - ANÁLISE DO SECTOR PRIMÁRIO 17
      1.1.1 - O SECTOR AGRO-PECUÁRIO 19
      1.1.2 - O SECTOR DAS PESCAS 23
      1.1.3 – A INDÚSTRIA PETROLÍFERA 27
   1.2 – ANÁLISE DO SECTOR SECUNDÁRIO 31
      1.2.1.- A INDÚSTRIA TRANSFORMADORA 31
      1.2.2 - A POLÍTICA DE INVESTIMENTO DO SUBSECTOR TÊXTIL 32
      1.2.3 – ESTRATÉGIAS PARA O DESENVOLVIMENTO DO
         SECTOR SECUNDÁRIO 34
   1.3 –ANÁLISE DO SECTOR TERCIÁRIO 35
      1.3.1 - OS PRINCIPAIS CICLOS DO COMÉRCIO ANGOLANO EM
         RELAÇÃO AOS PAÍSES DA SADC 36

CAPÍTULO II: O PAPEL DO SECTOR DE ENERGIA ELÉCTRICA (SEE)
EM ANGOLA NO PROCESSO DE INTEGRAÇÃO REGIONAL DA
ÁFRICA AUSTRAL 45
   2.1 - ANÁLISE DO SECTOR DE ENERGIA ELÉCTRICA ANGOLANO 46
      2.1.1 – POLÍTICA DA PRODUÇÃO 46
   2.2 – A POLÍTICA DE TRANSPORTE E DISTRIBUIÇÃO 55
   2.3 – A POLÍTICA DO CONSUMO 60
      2.3.1 – ANÁLISE DA DEMANDA DE ELECTRICIDADE EM ANGOLA 60
      2.3.2 – AS PRINCIPAIS FASES DO PLANEAMENTO DA DEMANDA 62

CAPÍTULO III: PRINCÍPIOS PARA ANÁLISE E AVALIAÇÃO DE
PROJECTOS DE INVESTIMENTOS E FINANCIAMENTO DO SEE 67
   3.1 – CONSIDERAÇÕES GERAIS 67
   3.2. - A PROGRAMAÇÃO DA PRODUÇÃO NO SEE 69

3.3.0.- A PROBLEMÁTICA DAS EXTERNALIDADES 72
3.3.1- PRODUÇÃO 72
3.3.2- TRANSPORTE E DISTRIBUIÇÃO 73
3.4 - A ELECTRIFICAÇÃO RURAL 74
3.4.1 – ESTRATÉGIAS PARA OS PROGRAMAS DE
ELECTRIFICAÇÃO RURAL 75
3.4.2 – A ELECTRIFICAÇÃO RURAL E A SOCIEDADE 77
3.5 - ELEMENTOS BÁSICOS PARA ANÁLISE E AVALIAÇÃO DE
PROJECTOS DE INVESTIMENTOS NO SEE 79
3.5.1- A DETERMINAÇÃO DA CONSTRUÇÃO DA CENTRAL
HIDROÉLECTRICA 81
3.6.- O FINANCIAMENTO DO SEE 83
3.6.1 - GÉNESE DO FINANCIAMENTO 83
3.6.2 – OS FACTORES DETERMINANTES NA POLÍTICA
DO FINANCIAMENTO 85

CAPÍTULO IV: O SISTEMA TARIFÁRIO VERSUS PLANEAMENTO DO
SECTOR DE ENERGIA ELECTRICA (SEE) 87
4.1 - INTRODUÇÃO 87
4.2 - PRINCÍPIOS BÁSICOS PARA A ELABORAÇÃO
DE UMA POLÍTICA TARIFÁRIA 88
4.2.1 – A MODULAÇÃO DAS TARIFAS A CUSTO MARGINAL 91
4.2.2 – A PROBLEMÁTICA DA REGULAMENTAÇÃO 92
4.3 – ANÁLISE DO SISTEMA TARIFÁRIO ANGOLANO 94
4.3.1 – AS PRINCIPAIS CAUSAS DO ESTRANGULAMENTO DO
SISTEMA TARIFÁRIO ANGOLANO 94
4.4- FACTORES QUE DETERMINAM OS CUSTOS DO SEE. 99
4.5 – ELEMENTOS BÁSICOS PARA O PLANEAMENTO VERSUS
POLÍTICA TARIFÁRIA DO SECTOR 101
4.6 – TAREFAS PARTICULARES E DIVISÃO DE
RESPONSABILIDADE NO SECTOR DE ENERGIA ELÉCTRICA 102

CAPÍTULO V: A INFLUÊNCIA DO SISTEMA TARIFÁRIO DO SEE
ANGOLANO SOBRE A POLÍTICA MACROECONÓMICA 105
5.1 – CONSIDERAÇÕES GERAIS 105
5.2.- BREVES CONSIDERAÇÕES DOS PRINCIPAIS RÁCIOS DO SEE... 108
5.3- OS PROGRAMAS DE AJUSTAMENTO ESTRUTURAL 109
5.3.1- PROGRAMA DE ESTABILIZAÇÃO 109
5.3.1.1 - EXEMPLO DA POLÍTICA DE ESTABILIZAÇÃO
BEM SUCEDIDA NA DÉCADA 80 A PRIMEIRA
METADE DA DÉCADA NOVENTA. 113

5.4 - A EXPERIÊNCIA DOS PAÍSES EUROPEUS E DA AMÉRICA
LATINA FACE À INSTABILIDADE MACROECONÓMICA
PROVOCADA PELOS GASTOS DO SEE. 121
    5.4.1 - CLÁUSULA DO AJUSTAMENTO
        AUTOMÁTICO DAS TARIFAS. 121

CONCLUSÕES GERAIS... **127**

ANEXO – I... **131**

ANEXO - II.. **139**

BIBLIOGRAFIA.. **163**

À minha mãe

RESUMO

O impacto do planeamento do sector de energia eléctrica angolano no processo de integração regional da África Austral, é a estratégia que nós delineámos para que Angola, face à desestruturação da sua política macroeconómica, se insira no processo de integração na região.

Na prossecução deste objectivo, após análise do sector em questão, delineámos como factor determinante deste processo a restruturação da política tarifária *versus* planeamento, na medida em que ela é o garante de toda a política do sector e, por conseguinte, sendo parte integrante da política macroeconómica influenciará sobre a mesma e vice-versa.

Este trabalho pretende identificar como a política tarifária versus política macroeconómica joga em simultâneo para o equilíbrio interno e externo de Angola e, consequentemente, para o processo de integração regional.

Palavras chaves: planeamento, sistema tarifário, financiamento e investimento, dívida pública, estabilização e integração regional.

ABSTRACT

The impact of the Angola's electric power sector planning for the Southern Africa's regional integration process is the strategy set up for Angola's achievement to such an integration regarding to the distructure of its macroeconomics policy.

This target, upon an analysis of the aforementioned sector, was foreseen as a determinant factor for the restructuring process of the tariff policy *versus* planning, as it grants all the sector policy. And so, being an integrate part of the macroeconomics policy will influence itself and vice versa.

This work aims to sign that the tariff policy v macroeconomics policy plays a role altogether in the Angola's internal and external equilibrium and, consequently, in the regional integration process.

Key Words: planning, tariffs regime, finance and investment, public debt, economic stabilisation, regional integration.

AGRADECIMENTOS

O presente trabalho só foi possível graças ao contributo multifacetado de diferentes autoridades e de individualidades, que passo a descriminar:

Ao Instituto de Cooperação Portuguesa, pelo financiamento do respectivo mestrado, ficam os meus sinceros agradecimentos;

Ao Professor Doutor René Tapia que muito sabiamente me proporcionou as condições científicas para que fosse possível arrancar e finalizar o trabalho, criticando e sugerindo determinados pontos e, sobretudo, o seu encorajamento, a quem dedico os meus especiais agradecimentos;

Ao Banco Nacional de Angola, à missão do Banco Mundial em Angola, ao Instituto de Investimento de Angola, e ao Instituto Nacional de Estatística de Angola, pela cedência de material bibliográfico, ficam os meus agradecimentos;

Ao Dr. António Pinto e ao Eng. Euclides Morais de Brito, pela disponibilidade bibliográfica e o conhecimento de alguns projectos da SADC, ambos da Unidade Técnica Administrativa dessa instituição, ao Eng. Boita Paulino da Internel, ao Eng. Carlos Dourado da Electricidade de Portugal pela cedência de material bibliográfico, ficam os meus agradecimentos;

À Dra. Ana Paula Rodrigues pela disponibilidade na discussão de alguns aspectos de forma do trabalho e a todos os meus professores e colegas do curso de mestrado em DCI, que directa e indirectamente contribuíram para o referido trabalho, ficam os meus reconhecimentos.

A todos muito obrigado.

As contribuições pessoais aqui mencionadas não isentam o autor da total responsabilidade pela eventual existência de quaisquer erros e omissões.

SIGLAS

BAD – Banco Africano para o Desenvolvimento
BM – Banco Mundial
ENE – Empresa Nacional de Electricidade
FMI – Fundo Monetário Internacional
KWH – Kilowatts hora
MINF – Ministério das Finanças
MWH – Mega watts hora
OCDE – Organização para Cooperação e Desenvolvimento Económico
PAE – Programa de ajustamento estrutural
PD – Países Desenvolvidos
PIB – Produto interno bruto
PNE – Plano nacional de electrificação
PNER – Plano nacional de electrificação rural
PNUD – Programa das nações unidas para o desenvolvimento
PVD – Países em Via de Desenvolvimento
SADC – Conferência para o Desenvolvimento da África Austral
SEE – Sector de energia eléctrica
TCMCP – Tarifa a custo marginal a curto prazo
TCMLP – Tarifa a custo marginal a longo prazo
TCMMP – Tarifa a custo marginal a médio prazo
UE – União Europeia
UNESCO – Organização das Nações Unidas para Educação e Cultura
VAB – Valor acrescentado bruto

INTRODUÇÃO

Inspirámo-nos no conhecimento dos três grandes sectores da actividade económica (sectores primário, secundário e terciário), tendo como principais pressupostos para a sua análise os factores de produção da actividade económica e financeira (terra, recursos humanos, tecnologia e capital), sem esquecer as políticas macroeconómicas que lhes são inerentes, de modo a analisar os factores produtivos, visando materializar o nosso objectivo de estudo - o impacto do planeamento do sector de energia eléctrico angolano no processo de integração regional da África Austral

Dado a complexidade do tema em questão e face aos elementos endógenos e exógenos que concorrem e condicionam todo o processo de desenvolvimento e crescimento económico dos povos, procuraremos, indicar as principais medidas adoptadas pelo governo angolano no período em análise -1985/94, à medida em que formos desenvolvendo o estudo das principais actividades dos respectivos sectores.

Com efeito, o sector terciário será a pedra de toque de toda a análise, face à sua especificidade nas relações económicas internacionais dos povos e, por conseguinte, na interligação com os respectivos sectores.

É a partir do estudo do sector terciário, nomeadamente da situação financeira e comercial adoptada por cada Estado, que nos possibilitará traçar o verdadeiro quadro c, quando tal não for possível, o mais próximo da real situação económica, financeira e social de Angola. Consequentemente, tentaremos perspectivar as políticas e outras medidas colaterais necessárias, para o funcionamento eficaz de Angola no processo de integração regional da África Austral.

Deste modo, a grande questão que se coloca será: quais são as condições necessárias para que Angola enverede efectivamente no processo de integração regional?

Primeiro, a presente questão será decifrada a partir do diagnóstico que visa essencialmente analisar a situação económica, financeira e social a partir dos principais indicadores conjunturais e estruturais, por forma a permitir-nos delinear a capacidade de Angola na arena do comércio regional e internacional.

Isto irá permitir-nos a conjugação de esforços no sentido de procurarmos a melhor alternativa para a prossecução do processo de integração regional de Angola, através do equacionamento das vantagens comparativas em relação aos países da região.

Segundo, identificar o sector de actividade económica com melhores performances (sector de energia eléctrica, segundo estudo da SADC - Janeiro/94).

Terceiro, verificar as condições necessárias para transformar as respectivas vantagens comparativas em competitivas.

A segunda grande questão, de acordo com o estudo efectuado em torno da problemática do objecto em análise o *Impacto do Planeamento do Sector de Energia Eléctrica Angolano no Processo de Integração regional da África Austral,* recai sobre a política tarifária, na medida em que ela é o elemento que garante toda a política do sector e, por conseguinte, influencia a política macroeconómica e vice-versa de Angola.

Deste modo, qual será a política desejável para que o sector eléctrico funcione como elemento catalisador do processo de integração regional, face à estrutura macroeconómica do país?

À luz do que foi descriminado, o nosso trabalho, como é obvio, passará em revista várias políticas apresentadas por diversos *experts* e organizações internacionais entre os quais Bela Balassa, bem como o ponto de vista da Comissão Económica das Nações Unidas para África, a saber:

- o melhoramento da gestão financeira e da eficiência das empresas públicas e um severo controlo financeiro;
- melhoramento da gestão da dívida externa;
- o melhoramento dos incentivos agrícolas.

Por outro lado, pretende-se também analisar as políticas para aumentar o crescimento e a estabilidade na velocidade de integração de Angola, junto à Conferência de Coordenação da África Austral (*SADC),* directamente pelos seus efeitos a partir de três políticas que afectam de maneira relativamente rápida, como:

- a política macroeconómica;
- a política do comércio,
- infra-estruturas.

Deste modo, muito sucintamente, estruturaremos o desenvolvimento do presente trabalho a partir da discussão das seguintes questões:

Capítulo I- Pretende-se a partir da caracterização do estado económico, financeiro e social de Angola, tendo como base os indicadores conjunturais e estruturais, verificar a melhor forma de Angola enveredar no processo de integração regional, a partir da análise dos três principais sectores de actividade económica;

Capítulo II- Pretende-se efectuar um diagnóstico em torno dos três extractos do sector de energia eléctrica angolano (produção, transporte e consumo) e fazer uma breve comparação com os países da África Austral, de modo a identificar as potencialidades do sector, bem como o principal veio de estrangulamento;

Capítulo III- Procuramos identificar os principais pressupostos para a elaboração de um projecto de investimento, bem como a política de financiamento; este ponto, dado a complexidade do problema central a debater "a modulação do sistema tarifário," será complementado no capítulo V.

Capítulo IV- Centrar-se-á no estudo da política tarifária, à luz das teorias marginalistas entre outras; em função dos resultados iremos procurar estabelecer os principais elementos que concorrem na modulação tarifária, nomeadamente os custos directos afectos aos investimentos, manutenção e exploração do *SEE,* bem como a sua gestão;

Capítulo V- Pretende-se efectuar uma comparação sobre a importância do principal factor de estrangulamento do *SEE* (política tarifária) em particular e, em geral, sobre a sociedade (política macroeconómica) e vice-versa de modo a obtermos os principais condicionalismos que afectam o processo de integração regional e consequentemente, tendo em conta as experiências de vários países, procurar as linhas de força no sentido de direccionar o sector para o tão almejado processo;

Conclusões gerais - pretende-se efectuar uma síntese em torno das questões apresentadas e, portanto, das eventuais contribuições decorrentes da nossa investigação de maneira a obtermos as luzes efectivas para o objecto a que nos propusemos.

Os anexos, estarão repartidos em duas partes. Na primeira parte, indicaremos os principais indicadores económicos, financeiros e sociais, bem como os elementos necessários para a elaboração e avaliação de projectos. Na segunda parte, descriminaremos os principais elementos para o planeamento *versus* política tarifária e a repartição de responsabilidade no sector, de modo a que a programação das políticas sejam consertadas aos mais variados níveis de responsabilidade.

CAPÍTULO I

CARACTERIZAÇÃO DO ESTADO ECONÓMICO, FINANCEIRO E SOCIAL DE ANGOLA A PARTIR DA SEGUNDA METADE DA DÉCADA DE OITENTA ATÉ À PRIMEIRA METADE DA DÉCADA DE NOVENTA, TENDO COMO BASE OS INDICADORES ESTRUTURAIS E CONJUNTURAIS.

1.1 - ANÁLISE DO SECTOR PRIMÁRIO

É supostamente conhecido que, a análise dos custos e benefícios deve ser efectuado no quadro da disponibilidade de recursos de toda a economia, de modo a que se proceda à avaliação dos usos alternativos dos mesmos.

Porém, dever-se-á dar uma atenção especial às alternativas previsíveis face à situação do mercado mundial, em termos de oferta e procura, os quais podem dar origem a mudanças substanciais futuras nos preços relativos e por conseguinte da actividade.

É em sequência do princípio em epígrafe que começaremos a analisar o sector primário, mais concretamente o sector agro-pecuário e, posteriormente, o sector das pescas, a partir do segundo choque petrolífero (1979) até à primeira metade da década de noventa, que levaram os países em vias de desenvolvimento (PVD), face ao agravamento da Balança de Pagamentos na sequência do referido choque, a enveredarem por novas políticas económicas no sentido de solverem as suas dívidas externas.

Deste modo, diversas medidas foram propostas na altura pelos PVD, no sentido de equilibrarem as contas externas, entre as quais:

a) criação de indústria industrializantes para substituição de importações;
b) política de promoção das exportações para substituição das importações;

Porém, as medidas adoptadas, nomeadamente a política de substituição de importações a qualquer custo, foram goradas, na medida em que a maior parte dos países tinham os seus programas económicos desenquadrados, vendo as dívidas agravarem-se cada vez mais[1].

Não obstante a deterioração dos termos de troca que as economias e finanças dos PVD e em particular os países da África Subsariana, no período em causa, face à disparidade envolvente nos factores de produção que na sua maioria eram arcaicos, nomeadamente a utilização dos instrumentos de produção rudimentar e o fraco nível de desenvolvimento da força de trabalho, segundo estudos efectuados pelo Banco Mundial (BM) conclui-se que:

o pilar básico do desenvolvimento industrial está no desenvolvimento do sector agro-pecuário. Tendo em conta que este sector é o potencial fornecedor de matérias-primas para a indústria e para o sector das exportações e, por conseguinte, o da resolução do sistema financeiro dos países em causa sobre o qual na devida altura nos debruçaremos.

Por outras palavras, o sector agrop-ecuário deverá ser o garante do desenvolvimento da África Subsariana (Angola) face às debilidade de factores que lhe são inerentes.

Todavia, para que o colmatar deste objectivo seja efectivo, tendo em conta as vantagens comparativas que lhe são próprias, o governo terá que adoptar políticas económicas óptimas por forma a canalizar os

---

[1] Todavia, é importante destacar o sucesso que a República da Coreia teve ao implementar estas políticas "promoção das exportações para substituição das importações "mais no período compreendido entre 1964 a 1974, onde as vantagens comparativas face a ordem económica mundial o favoreceram; citado in Bela Balassa, em reformas das políticas económicas nos PVD 1977. Logo, a conjugação dos factores de produção no tempo e no espaço territorial, é um elemento determinante no planeamento das estratégias de desenvolvimento.

dividendos provenientes do sector da economia não renováveis para as renováveis.

Assim sendo, o Estado deverá assegurar as condições necessárias para que se verifique o cumprimento dos objectivos preconizados e que, os camponeses e os agricultores, atinjam níveis altos de eficiência na aplicação destes meios.

Haverá assim que, actuar ao nível das potenciais empresas, visando a atribuição de factores de produção suficientes à alteração das condições insatisfatórias de mercado e a aumentar o nível de rendimento dos agricultores e camponeses através da manipulação dos instrumentos macroeconómicos, entre outros.

É a partir deste quadro que, passaremos a analisar a situação do sector primário angolano, dando a primazia ao sector agro-pecuário. Posteriormente, analisaremos o sector das pescas. No pressuposto de que a filosofia das vantagens comparativas, face às mudanças sofridas pela nova ordem económica internacional, se transforme em vantagens competitivas: "motor da condução do desenvolvimento, crescimento e internacionalização das economias".

1.1.1 - O SECTOR AGRO-PECUÁRIO

A estrutura da produção agro-pecuária de Angola no período em análise -1985/94, não sofreu qualquer melhoria conducente ao desenvolvimento económico e financeiro. Pelo contrário, assistiu-se a uma forte deterioração em todos os seus domínios, tanto na produção para o consumo interno como na cultura para exportação.

Os factores objectivos e subjectivos ao governo angolano, entre os quais, o mau ambiente sócio político (foi sem dúvida a condição *sine qua non* para a desestruturação do sector), mormente os factores de ordem gerencial.

Deste modo, não obstante a situação delineada, um dos objectivos do programa económico e social do governo angolano para o quinquénio -1985/90[2], visava a intensificação da produção do sector, no sentido de se enveredar nas políticas do Programa de

---

[2]   MPLA-PT Programa económico e social - 1985

Acção de Lagos (PAL), fundamentalmente nas políticas agrária e de desenvolvimento rural.

1- O objectivo deste programa estava virado para o cumprimento de três acções concretas:

a) auto-suficiência alimentar;
b) fornecimento de matérias-primas para a indústria nacional;
c) produção de bens para substituição das importações e o aumento e a diversificação das exportações com especial destaque para o café.

Nestas circunstâncias, redunda que o sector em causa jogue um papel preponderante no desenvolvimento de Angola.

1.1.1.1 - O MODELO DE PRODUÇÃO

Do ponto de vista técnico, a estrutura da produção agro-pecuária de Angola é predominantemente dual, na medida em que actuam os dois modelos de produção agrária (tradicional ou de subsistência e o capitalista), não obstante a existência de mais formas de produção, como as cooperativas agrícolas, inerente a uma fase histórica da política económica adoptada pela 1ª República "que visava a construção de uma sociedade de economia planificada e centralizada».

A produção do campesinato ou familiar angolana é diversificada, nomeadamente produtos alimentares destinados para a sua subsistência. Porém, em virtude da utilização de técnicas rudimentares e da política de preços agrícola desfavorável, os rendimentos do respectivo extracto de produção foram sempre escassos e, por sua vez, conduziram a uma fraca acumulação de poupanças.

Face aos resultados, muito dos camponeses, dada a especificidade da produção agrária, e fundamentalmente em períodos críticos como os que se vivem em Angola, transformam-se na grande massa da força de trabalho de reserva nas cinturas urbanas das principais cidades do país, como é o caso de Luanda, deste modo dando azo ao surgimento do êxodo rural.

Do outro lado, encontramos o modelo de produção capitalista, com força de trabalho assalariada, prática de monocultura, que na maior parte das vezes é canalizadas para o exterior, como é o caso do café cuja contribuição em 1994, no PIB foi na ordem dos 16,8%[3], o que só por si revela a fraca participação, do sector agro-pecuário; por outro lado, se compararmos com o período anterior a 1975, os resultados são ainda mais desanimadores.

Face à desarticulação dos dois modelos de actividade agro-pecuária, o país mergulhou numa penúria alimentar sem precedentes, motivo pela qual, as "Ajudas Para o Desenvolvimento" (APD), foram canalizadas para apoiar a importação de bens alimentares em detrimento do sector produtivo.

1.1.1.2 - O IMPACTO DOS PROGRAMAS DE AJUSTAMENTO ESTRUTURAL (PAE) NAS POLÍTICAS DO SECTOR AGRO-PECUÁRIO.

O impacto das políticas dos PAE, seja global ou sectorialmente pode ser anulado por distorções nos preços relativos, devido a políticas macroeconómicas inadequadas.

Deste modo, a questão central que se coloca será saber como tornar compatível uma política agrícola eficaz, de modo a contribuir para o desenvolvimento e crescimento do sector industrial, durante o período de implementação de tais programas, sabendo que um dos objectivos dos PAE é a redução das despesas públicas.

Após análise da estrutura agro-pecuário de Angola, e face aos resultados negativos da respectiva actividade, a estratégia a adoptar com vista ao desenvolvimento e crescimento, será sem dúvida a conjugação de duas políticas de incentivos ao desenvolvimento do sector em questão:

1- melhoria dos termos comerciais agrícolas interno mediante;
   1.1- redução dos impostos de exportação;
   1.2- aumento dos preços do produtor.

---

[3]   Face à indisponibilidade de dados, o cálculo só nos foi possível efectuar por método de indução ou dedução através do sector da agricultura e pescas (Cf.. Rubrica nº.1.1 do quadro nº. 1 em anexo I).

2 - mudanças institucionais de modo a melhorar as infra-estruturas e
serviços rurais, nomeadamente através de:
2 1- redes do comércio;
2 2- rede de transportes.

Porém, face ao estado precário em que se encontra o sector
agro-pecuário angolano, as políticas de incentivos devem conter
combinações ponderadas, dando maior incentivo aos preços e melhorar
o fornecimento dos bens e serviços públicos necessários.

Assim sendo, no período de implementação dos PAE, tendo em
conta os cortes que possam advir nas despesas públicas durante o
período de implementação dos programas, os mesmos devem ser
acompanhados de um pacote de medidas correccionais de modo a
financiar os gastos públicos.

É partindo destas perspectivas que o BM subscreveu, dentro das
prioridades básicas seguidas da paz, a garantia das infra-estruturas
de transportes, na medida em que o sector constitui um dos pontos
chaves do desenvolvimento económico e social do país(cf. Shaw H.
Mccormicks/94).

Deste modo, baseado no estrangulamento do sector, o BM
apresentou o seguinte pacote de medidas:

- Em 1991, aprovou um crédito no valor de 38 milhões de
  dólares para a reabilitação das infra-sestruturas nos projectos
  de engenharia;
- Seguidamente, concedeu um crédito de 44 milhões de dólares
  para os programas de emergência do sector de transportes para
  os anos posteriores a 1991.

Com o reatamento da guerra, em Outubro de 1992, alguns dos
programas ficaram adiados. Todavia, aquelas medidas contribuirão
para a melhoria dos investimentos do sector agro-pecuário e, por
conseguinte para o desenvolvimento do sector industrial.

Segundo estudos do BM, entre 1973 e 1983, em 18 países,
conclui-se que, os países com baixo crescimento do sector agrícola,
apresentaram um baixo crescimento do sector industrial (os países
da África Subsáriana e alguns países da América Latina e da Ásia
Meridional). Enquanto que, os países de alto rendimento do sector

agrícola, apresentaram um crescimento alto do sector industrial (como o Benin, a Costa do Marfim, a China e a Tailândia).

Em suma, a solução dos problemas inerentes ao sector agro-pecuário angolano, passará mais por políticas e reformas de natureza macroeconómicas, de modo a estabilizar o comércio, pressuposto para a reactivação das empresas agrícolas viradas para a exportação, bem como as actividades agrícolas de subsistência, através de apoio em sementes melhoradas, e políticas de crédito, entre outras.

Enfim, estes são os elementos determinantes para que, o sector agro-pecuário angolano adormecido, reanime; na medida em que foi sua desestruturação e destruição que levaram a que este sector em questão ficasse ao abandono.

1.1.2 - O SECTOR DAS PESCAS

A actividade piscatória em Angola goza de vantagens comparativas consideráveis em toda a sua costa marítima, numa extensão de 1800 km, de Cabinda a foz do rio Cunene, pela existência de condições excelentes para o habitat da fauna marítima

São dois os factores determinantes:

- de um lado, a existência de condições favoráveis à alimentação da fauna marítima, proporcionada pela composição local da plataforma continental;
- de outro lado, a convergência a norte pela corrente quente do Golfe da Guiné, para sul, pela corrente fria de Benguela.

Com efeito, não obstante a existência de tais condições para que haja abundância do pescado no mercado, nos últimos anos tem-se notado um défice acentuado, engendrado por falta das seguintes condições:

- mão-de-obra qualificada, tanto no domínio da gestão como no domínio técnico;
- meios técnicos para captura e conservação do pescado;
- policiamento da costa marítima;
- circuitos comerciais.

Analisando as condições acima descriminadas, leva-nos a crer que, o défice acentuado do pescado deve-se fundamentalmente a factores de ordem gerencial consubstanciado no crescimento da população, partindo do princípio que "a eficácia da gestão determina os resultados e em última instância, seria o factor decisivo do sucesso ou insucesso das estratégias adoptadas"[4].

Esta posição é corroborada pelo investigador do centro de estudo e estratégia internacional Shawn H. Mccormicks[5], ao apontar o principal problema de Angola, neste domínio.

Não obstante a formulação de várias estratégias no domínio da reabilitação e desenvolvimento do sector, como:

- em 1980, o governo ter estabelecido um programa interno, no sentido da expansão da pesca com a ajuda da comunidade internacional;
- estabelecimento de acordos com empresas estrangeiras (ex. URSS, Espanha, Itália, Japão) no sentido de pescarem nas suas águas territoriais e, em contrapartida, o governo receber 40% do pescado capturado.

Com efeito, qualquer uma das estratégias adoptadas foram solvidas por um autêntico fracasso na medida em que, tanto da parte do governo, como da parte dos contratantes, não souberam assumir correctamente os compromissos previamente estabelecidos.

Do lado do governo, deve-se principalmente à inadequação da política macroeconómica, nomeadamente da política cambial, de credito e de preços.

A inadequação da política cambial, entravou de certo modo a competitividade do pescado angolano, no mercado internacional. Deste modo, o país perde a oportunidade de melhorar a sua Balança Comercial e, por conseguinte, a Balança de Pagamentos.

Por outro lado, os fluxos resultantes das transacções do pescado, são bastantes escassos ou insignificantes, na medida que os mesmos

---

4   Fernando C.- Gestão do desenvolvimento rural - 1993

5   Mccormicks S. - The Angolan economy prospects for growth in A postwart environment - CSSII - 1994

não conseguem cobrir os custos envolventes com o pessoal técnico estrangeiro, bem como a aquisição de acessórios e sobressalentes para a manutenção do parque piscatório (embarcações e portos, entre outros).

Face aos resultados das transacções, o governo é obrigado a financiar o défice das empresas estatais e cooperativas piscatórias, a partir das reservas cambias, recorrendo deste modo ao crédito bancário e, em contrapartida, engendra avultadas quantidades de massa monetária no mercado interno.

Com efeito, o excesso da massa monetária em circulação, trouxe como consequência um agravamento da situação económica, financeira e social das populações, já que o mesmo contribui com a sua quota parte para o movimento inflacionário do país entre 1985/94 (Cf. rubrica nº.5.1 do quadro n.º 4 em anexo I).

Face ao estado inflacionário do país, provocado pelo excesso de massa monetária em circulação, cujo controle da situação dependerá da conjugação dos factores exógenos, e endógeno que influência negativamente sobre a economia. Logo, em consequência do quadro delineado o controle da situação só será possível mediante programas de ajustamento estrutural.

Quanto à inadequação da política de preços, será sem dúvida um elemento desincentivador da captura do pescado, fundamentalmente da pesca artesanal pelo seguinte: na sequência da crise inflacionária, os produtores (pescadores) canalizavam a sua produção para os circuitos informais (mercados paralelos), no sentido de obterem uma maior valia face à escassez do pescado provocados pela política de preços controlado pelo Estado.

Por último, a incapacidade do governo em policiar a costa marítima em virtude da indisponibilidade de mcios técnicos, como aviões, barcos de intervenção rápida, entre outros, de modo a controlar as actividades dos parceiros estrangeiros que operam nas suas águas territoriais, bem como a prática da pirataria marítima.

Do lado dos parceiros estrangeiros, temos a destacar a pesca desenfreada, através da utilização de técnicas piscatórias não convencionais na medida que causaram a destruição massiva da fauna marítima.

Na sequência destas práticas, foi efectuado uma revisão no protocolo de pescas estabelecido entre o governo angolano e o governo da ex-URSS que vigorou aproximadamente durante quinze anos (1976/91).

Um dos resultados da revisão do protocolo, foi a baixa da captura do pescado pelos estados independentes da Commonwealth. Em 1990, a quota estabelecida foi de 124.000 toneladas, baixando, de Agosto de 1991 a Julho de 1992, para 80.000 toneladas.

Ainda no domínio da cooperação, tendo em conta a debilidade do governo nos domínios da gestão, técnica e financeira, temos a realçar a contribuição da comunidade internacional nos seguintes projectos:

-   a Suíça, através dos seus organismos internacionais de desenvolvimento, financiou os equipamentos e os salários do pessoal técnico, inserido no projecto do centro de formação das pescas (CEFOPESCA);
-   o financiamento do Banco Árabe de Desenvolvimento Económico em África (BADEA) que, contribui com três embarcações de pesca, em 1981, bem como a concessão de um crédito, no valor de dez milhões de dólares, para reabilitação da indústria pesqueira;
-   em 1984, a União Europeia fez uma concessão substancial no sentido de garantir a assistência técnica ao sector.

Na sequência desta cooperação, em 1987, a frota nacional de pesca aumentou em cerca de 466 unidades: Apesar de tudo, corresponde a apenas metade das existências no período antes de 1975 (800) unidades.

Deste modo, em termos quantitativos, sem ter em conta a capacidade de arqueação das embarcações, ao relacionarmos a frota pesqueira e a população existente antes de 1975 e as existências do período entre 1985/94, encontramos um duplo défice e, por conseguinte, o binómio malthusianista em que a população cresce em progressão geométrica, enquanto que, a base de sustentação desta população (barcos de pesca), cresce em progressão aritmética.

Enfim, entre outros projectos, temos a construção de um novo porto pesqueiro no Namibe, em 1988, pela URSS, bem como a reabilitação de outros empreendimento com os demais parceiros internacionais, tais como o Japão, Portugal e a Espanha.

Em suma, constatamos que devido a fraca contribuição do sector no PIB, conforme mapa n.º 1 em anexo, as estratégias do sector deveriam ser estabelecidas a partir de uma redefinição das políticas adoptada em que o principal pressuposto desta redefinição visa o incremento dos níveis de produção de 1975.

Deste modo, numa primeira fase, temos a reordenação da política macroeconómica do país, no sentido de melhorar as políticas do sector para garantir as estratégias que visem a expansão da produção, como:

- elevar a capacidade de gestão do sector, através de programas de formação dos recursos humanos;
- estabilização dos preços, no sentido de incentivar a captura da pesca artesanal de modo atenuar a inflação, pelo facto de constituir um elemento moderador do custo de vida;
- garantir a competitividade do pescado angolano no comércio internacional, deste modo, torna-se necessário incrementar a capacidade de arqueação da frota pesqueira, bem como da sua manutenção;
- garantir o policiamento da costa marítima, de modo a racionalizar a exportação dos recursos marítimos.

Em síntese, estes são os elementos fundamentais, para que o sector das pescas reassuma o seu papel no processo produtivo.

1.1.3 – A INDÚSTRIA PETROLÍFERA

Nesta secção, pretende-se avaliar a importância do sector petrolífero na constituição do PIB, bem como os fluxos de capital empregue nos investimentos do sector e, por último, a problemática da tributação do sector.

A partir do primeiro *boom* petrolífero, nos finais da primeira metade da década de setenta e, fundamentalmente, no período em analise (1985/94), face a dois factores desestabilizadores verificamos: primeiro, trata-se da guerra fratricida, enquanto que, o segundo, é caracterizada pela desestruturação do sistema macroeconómico do país. Estes dois factores, condicionam o arranque dos demais ramos de actividade económica e financeiro do país, tendo o petróleo constituído a principal fonte de receitas do Estado angolano.

Deste modo, num contexto de degradação anual do tecido económico, nomeadamente do sector agro-pecuário e do parque industrial angolano, o sector petrolífero foi desempenhando um papel preponderante e crescente no desenvolvimento económico e financeiro, passando, em 1994, a ser o principal contribuinte no PIB, na ordem dos 50,3%/ano e a ser, como é óbvio, a principal fonte de aquisição de divisas e de obtenção de receitas fiscais.

1.1.3.1- A POLÍTICA DE INVESTIMENTO DO SECTOR PETROLÍFERO

Paradoxalmente, como outros ramos de actividade económica, o petróleo, pela sua natureza e especificidade, requer sempre avultadas somas para o seu investimento (pesquisa, prospecção e exploração), tendo em conta a tecnologia e o *know how* empregue em todo o processo da sua exploração.

Com efeito, dado o estado de desenvolvimento dos PVD, nos quais Angola se encontra inserido, a falta gritante de recursos humanos qualificados, capital e tecnologia para o processo de exploração dos seus hidrocarbonetos, irá implicar uma certa dependência em relação aos países desenvolvidos (*PD*), detentores de tais requisitos.

Esta forte dependência dos *PVD*, produtores de petróleo, em relação aos *PD,* detentores dos requisitos descriminados, está subordinada a três factores determinantes:

- existência de um forte *gap* de poupança e de investimento;
- forte regime de apropriação dos conhecimentos tecnológicos (segredo tecnológico);
- condições da cotação do preço do barril.

Assim sendo, a dependência dos países produtores de petróleo é determinado por factores exógenos, o que implicará, deste modo, o arrastamento dos investimentos públicos, tendo em conta a conjuntura económica internacional dos preços dos hidrocarbonetos, ao contrário dos países de economia não petrolífera (vide Philipe Béraud/95)[6]

---

[6]   Philipe Béraud – Commerce International Industrie et developpement: renouveau des débats theóriques et aplication aux relation euro-méditerranée – Lisboa - ISEG – 1995 – pp 13 á 16

Em síntese, os resultados face a esta dependência, podem ser reagrupados em função da articulação das políticas económicas contraditórias correspondentes aos países produtores, no seguinte:

- reajustamento dos planos de desenvolvimento, com o risco ver comprometido a sua coerência técnico económica inicial;
- transportar para exercícios económicos seguintes ou anular, os projectos industriais ou agrícolas;
- incoerência orçamental, aumentando a política de ajustamento, susceptível de desencadear uma crise da economia de rendimento e, pôr em causa, a coerência da formação social;
- antecipação sobre os rendimentos externos ou, por outro lado, recorrer ao individamente externo.

Em suma, assiste-se a uma forte dependência dos país em relação ao sector petrolífero. Posteriormente, quando nos debruçarmos sobre a análise da indústria transformadora nos debruçaremos com maior profundidade sobre as causas desta dependência.

1.1.3.2 A PROBLEMÁTICA DA TRIBUTAÇÃO DO SUBSECTOR E A APLICAÇÃO DAS RECEITAS PETROLÍFERA NO TECIDO ECONÓMICO E SOCIAL.

Deste modo, apareceu a dialéctica da indústria petrolífera, determinando o estatuto paradoxal da situação dos PVD, exportadores de petróleo e, é possível demonstrar que a distribuição da renda subordina, dentro de uma larga medida ou escala, a função acumulação e a função legitimidade da produção do aparelho de captação do excesso de receitas petrolíferas, face à subida do preço (através de impostos indirectos).

Em suma, a estrutura fiscal aplicada pelo estado angolano sobre o regime petrolífero "impostos indirectos progressivos" vem dar uma solução fundamental, no que toca a arrecadação máxima de receitas num clima de subida do preço do barril, no qual se justifica a aplicação da taxa marginal na ordem dos 96%[7].

---

[7]   Esta posição é corroborada pelo BM (vide PNUD/BIRD - Angola: Problemas e Opções no Sector Energético - Relatório N°7408- ANG- 1989)

Segundo F. Roque /91[8] este tipo de estrutura fiscal poderia justificar-se numa perspectiva de conservação de um recurso não renovável, argumento sem qualquer importância na actualidade, na medida em que o desenvolvimento tecnológico possibilitou a criação de novos produtos, com uma incorporação escassa de produtos minerais não renováveis[9] e, por outro lado, pelo sistema fiscal que impera no país, condicionado face a dois factores determinantes da respectiva política fiscal:

- a prática de arrecadação de impostos indirectos sobre as exportações, é peculiar nos PVD, face à debilidade da sua estrutura fiscal[10] e, por conseguinte à necessidade de arranjar formas para cobrir as respectivas falhas;
- a principal fonte de receitas dos PVD é, fundamentalmente, obtida a partir dos impostos sobre as exportações (impostos aduaneiros).

Em termos comparativos, a problemática que se coloca em termos de fixação de impostos sobre o regime petrolífero, poderá ser equiparado, com a problemática gerada pelo repatriamento dos capitais pelas empresas estrangeiras.

Desta forma, o cerne da questão será, sem dúvida nenhuma, como canalizar de forma inteligente as receitas provenientes desta franja da economia para outros sectores capazes de gerarem rendimentos para o país, tanto na óptica privada como social.

Esta interpretação permite explicar, em particular, porque é que os estados produtores de petróleo são constrangidos ou contrariados

---

[8]   Fátima R. et all - Economia de Angola - Bertrand- 1991 p 90.

[9]   Segundo a UNCTAD/ 1986 A intensidade de utilização e consumo de metais nos *EUA* entre 1977 a 1982 tem baixado consideravelmente (ex: o chumbo passou de 0,827 para 0,56 e o zinco de 0,94 para 0,3) o que demonstra que face ao progresso tecnológico, com a utilização de novas fontes energéticas pensamos que o petróleo a longo prazo deixará de exercer a pressão hegemónica sobre o mundo financeiro.

[10] Vide Rui Cruz Fiscalidade e desenvolvimento económico e social de Angola in Ciências Técnica Fiscal N.º 366 - 1992

em prosseguir as estratégias de rendimento mineral (recursos não renováveis) a favor dos (recursos renováveis) colocando um modelo de industrialização fundado sobre a exploração e valorização dos recursos petrolíferos.

1.2 – ANÁLISE DO SECTOR SECUNDÁRIO

A avaliação das performances do sector secundário da República de Angola, no período em causa (1985/94), visa essencialmente assinalar as principais característica da estrutura industrial e os problemas resultantes da sua heterogeneidade, face à participação do estado em todo o processo produtivo. Em suma, o sector secundário é a pedra de toque, na qual é reflectida toda a política macroeconómica do país, nomeadamente: a política de crédito, fiscal, orçamental, monetária, preços e emprego. Constituem, desta forma, os instrumentos galvanizadores do processo de desenvolvimento dos sistemas económico e financeiro das sociedades contemporâneas.

É a partir da conjugação das políticas económicas descriminadas, que se constitui o verdadeiro quadro para a instauração de um clima propício ao desenvolvimento e ao crescimento económico sustentado de Angola.

Com efeito, em 1994, a contribuição do sector secundário para *PIB* foi na ordem dos 3,7%, que só por si indica a fraca participação deste sector no desenvolvimento económico do país.

Por outro lado, o sector em epígrafe é bastante heterogéneo em virtude do descriminado no parágrafo primeiro, bem como, a sua participação no PIB segundo mapa n.º 1 em anexo.

Deste modo, iremos analisar apenas um extracto do sector em causa, devido a reflexão de toda o quadro da política macroeconómica.

1.2.1.- A INDÚSTRIA TRANSFORMADORA

Os efeitos do segundo choque petrolífero (1979) tiveram a sua repercussão na República de Angola a partir do ano de 1985 e, em consequência, o governo teve que reduzir drasticamente o orçamento da indústria transformadora, face à indisponibilidade de recursos cambiais provenientes das suas transacções no mercado internacional.

Adicionando as medidas acautelatória (redução drásticas das despesas) adoptadas a situação do sector foi deteriorando cada vez mais, na medida em que encontramos os seguintes condicionalismo:

- uma forte burocracia estatal (inadequação administrativa);
- um forte controlo de preços;
- um fraco nível de produtividade do sector primário;
- constantes cortes no sistema de fornecimento e abastecimento de energia e água;
- instabilidade do país provocada pela guerra civil.

Face a esta conjuntura, a participação do sector no PIB, em1994, foi da ordem dos 2,3 %, o que espelha o fraco nível de desenvolvimento do sector.

1.2.2 - A POLÍTICA DE INVESTIMENTO DO SUBSECTOR TÊXTIL

O subsector de têxteis angolano, é composto por duas empresas consideradas estratégicas para o desenvolvimento económico, através das quais foram efectuados investimentos consideráveis, nomeadamente no complexo da África Têxtil, situado na província de Benguela e na Textang-II, localizado na província de Luanda.

O complexo da África têxtil, tem uma capacidade de produção/ano na ordem dos 16 milhões de metros quadrados de tecido, enquanto que a Textang-II, detém uma capacidade de produção/ano na ordem dos 18 milhões de metros quadrados.

Os investimentos efectuados pelo governo, neste franja da economia, foram de 5 milhões de dólares, em 1980, 44 milhões nos anos seguintes, dos quais, 33 milhões em 1982 e 10 milhões em 1986. Por outro lado, o Banco Europeu de Investimento (BEI) e o governo francês, contribuíram nos investimentos do subsector com um montante de 15 milhões de dólares.

Porém, não obstante a capacidade de produção instalada no subsector têxtil, o mesmo foi sempre uma fonte de estrangulamento do Orçamento Geral do Estado bem como da balança de pagamentos, por dois factores determinantes:

- primeiro, durante o período em análise, o seu funcionamento foi sempre deficitário (pela não utilização das capacidades instaladas segundo normas técnicas) deste modo, a cobertura dos custos inerentes ao subsector em causa (custos de investimentos e de exploração), foram sempre cobertos pelo Estado, na medida em que este é o seu potencial detentor;
- segundo, por ser um sector fortemente dependente do exterior, de um lado pela fraca (nula) produção do algodão no país, nos últimos anos, matéria-prima básica do respectivo ramo. Logo, para o suprimento do respectivo défice o estado recorreu sempre ao comércio externo, importando a matéria-prima básica (algodão, tela crua e fios), produtos químicos e sobressalentes. Acresce ainda o pagamento, pelo Estado, do pessoal técnico estrangeiro, que prestavam assistência técnica ao subsector.

Face ao descriminado, o preço de tecido estava condicionado a factores endógenos e exógenos.

Os factores estavam intrinsecamente ligados ao esquema da política monetária praticada pelo governo.

Com efeito, a política monetária em vigor estava desajustada face aos factores exógenos e à prática de câmbios fixos até 1990, inclusive, (Cf. rubrica 5.3 do quadro n.º 4 em anexo I) pelo governo angolano; enquanto que tais práticas deixaram de vigorar em 1976, fundamentalmente nos PD, principais fornecedores da tecnologia e das matérias-primas face ao desmoronamento do sistema monetário de Bretton Woods, passando deste modo a taxas de câmbios flexíveis.

Assim, a política cambial praticada, face à conjuntura internacional cstava praticamente desajustada, reflectindo-se sobre os preços do sector em análise.

Logo, face aos condicionalismo e à política macroeconómica incoerente, a operacionalidade do sector tornou-se inviável.

Todavia, por uma questão estratégica por parte do governo, no sentido de garantir os postos de trabalho, aquele foi minimamente garantindo o funcionamento do sector em causa agravando, deste modo, ano após ano, a já debilitada Balança de Pagamentos bem como o Orçamento Geral do Estado.

Foi a partir da reflexão do quadro económico e financeiro do país (exemplificado no ramo têxtil), que o governo inicia a trajectória dos grandes programas de restruturação económica, num total de seis, durante o exercício económico em análise, cujo objectivo central se cingia na correcção dos graves desequilíbrios financeiros internos e externos (ver Manuel Ferreira /1995)[11] que culminou posteriormente com o processo da privatização de algumas empresas estatais. Com efeito, quaisquer um dos programas económicos não surgiram efeitos, uma vez que a condicionante básica para o efeito não estava ajustada segundo os princípios técnicos-económicos (vide Capítulo IV e V).

1.2.3 – ESTRATÉGIAS PARA O DESENVOLVIMENTO DO SECTOR SECUNDÁRIO

É evidente que grande parte dos objectivos do sector secundário podem ser alcançados a médio e longo prazo, uma vez resolvidos os principais entraves da política económica

Com efeito, cinco problemas imediatos se colocam, sem a resolução dos quais não se consegue vislumbrar qualquer hipótese de recuperação económica efectiva. Referimo-nos à governação e à população (subentende-se uma situação de paz, condição *sine qua non* para a sua viabilidade):

1- consolidação da democracia interna, direitos do homem ou por outras palavras, estado de direito e *good Governance;*
2- situação da distribuição da população (reordenamento populacional);
3- recuperação das infraestruturas de base;
4- abastecimento básico da população;
5- reordenamento rural.

---

[11] Saneamento Económico e Financeiro SEF. (1987), Programa de Recuperação Económico PRE (1989), Programa de Acção do Governo PAG (1990), Programa de Redimensionamento PR (1991/92), PE Programa de Emergência Económico (1993), Programa Económico e social PES (1994) Manuel Ferreira - Angola da Política Económica as Relações Económica com Portugal - CCPA- 1995

É evidente que grande parte dos objectivos do sector secundário podem ser alcançados a médio e longo prazo, uma vez resolvidos os principais entraves da política económica (vide capítulo V).

Em suma, qualquer medida de carácter global ou sectorial tomada antes que as mesmas sejam superadas, verá uma grande parte dos seus efeitos desaparecerem a muito curto prazo e ciclicamente, a situação económica efectiva reassumirá as formas desarticuladas que hoje caracterizam, com nítida importância o sector informal.

1.3 –ANÁLISE DO SECTOR TERCIÁRIO

O sector terciário é essencialmente constituído pelos seguintes subsectores: transporte, bancos e seguros, comércio e capitais (vide mapa nº1 em anexo-I).

É partindo destes subsectores que os países obtêm os principais fluxos internacionais: bens e serviços, investimento directo estrangeiro e capitais. Também, nos permitirá analisar o aumento da velocidade de integração de Angola, partindo, como é óbvio do grau de abertura do comércio externo (somatório das exportações de bens e serviços em relação ao PIB[12]) com os restantes países da região da SADC.

Porém, face à dimensão do período em análise (1985/90) e consubstanciado nas transformações sociais, como observou P. Lorot (1995 – p89), «assiste-se a uma evolução singular a economia tornou-se um substituto da política e da ideologia, como elemento de coesão nacional face ao estrangeiro»[13], para melhor nos situarmos no tempo e no espaço repartimos o período em questão em duas fases:

1ª. fase, que vai de 1985 a 1990, conhecido como o ciclo marcado por uma forte repressão financeira[14];

---

[12]   PIB a preços correntes de modo a apreciar o valor da moeda.

[13]   Citado em Joaquim Silva.- Mudanças na economia Mundial – 1973 – 1993 – ISEG – Lisboa – 1995 – p6

[14]   Repressão financeira segundo Makinnon e Show é dada pela intervenção do estado no sistema financeiro (controlo dos instrumentos macroeconómico). Edward Show e Ronald McKinnon põe estas distorções num plano central

2ª. fase, que vai de 1991 a 1994, conhecido como o ciclo do "início dos primeiros passos para implementação dos programas de estabilização conjuntural".

Como acabamos de constatar, face à importância que, hoje em dia, os fluxos comerciais adquirem tendendo para a regionalização, internacionalização e globalização, vamo-nos centrar fundamentalmente sobre este. Por se tratar de um estrato vital da economia real e financeira vamo-nos debruçar também, e sinteticamente sobre os principais indicadores que afectam e sofrem os efeitos dos fluxos comerciais como a intermediação financeira através dos seus instrumentos macroeconómicos, como a taxa de câmbio, ataxa de juro, os gastos e os impostos.

1.3.1 - OS PRINCIPAIS CICLOS DO COMÉRCIO ANGOLANO EM RELAÇÃO AOS PAÍSES DA SADC

1.3.1.1 – ANÁLISE DO PRIMEIRO CICLO

O primeiro ciclo, 1985/90, da actividade do comércio externo angolano com os restantes países que constituem a SADC, foi essencialmente caracterizado por interesses políticos, na medida em que o objectivo da organização, mormente a existência de concertação das actividades, coordenação de projectos de investimentos a nível sectorial, visava a segurança dos países membros face ao poder de dependência e instabilizador encetado pela então República da África do Sul do *apartheid.*

Em função dos objectivos apontados, embora com a conveniência política, já existiam algumas transacções entre Angola e o conjunto de países da SADC; logo, no interesse de obtermos informação dos fluxos comerciais através da Balança de Pagamentos desagregada por países, continente ou regiões económicas (vide rubrica nº1 do mapa nº4) de

---

argumentando que ...«uma política adequada ao mercado interno de capital constitui a chave de uma liberalização geral, sendo particularmente útil para a remoção de intervenções imprudentes do sector público nos mercados de bens», citado in Balassa B. em "Reforma da política económica nos PVD/1977 – p 30"

Angola em relação aos parceiros de modo a analisar particularmente o grau de abertura de Angola na região, face à indisponibilidade de dados, só nos é possível efectuar a análise por método de indução ou dedução, através das seguintes constatações:

- Historicamente, Angola é o país da região com menor grau de abertura intra-região, na medida em que o seu comércio externo tem sido efectuado com os países que representam o destino mais importante das suas exportações, como os EUA, Portugal, Espanha e França[15] e, por conseguinte, pelo melhor conhecimento do mercado angolano[16].

De certo modo constitui uma particularidade dos PVD, débeis em infra-estruturas industriais e sendo contudo fortes fornecedores de matérias-primas (face à debilidade da sua indústria em transformar ou acrescentar o VAB aos produtos primários de modo a obter maiores rendimentos) para os países industrializados. Os quais são, por sua vez, os maiores detentores do IDE nos PVD. Pensamos que esta situação manter-se-á durante algum tempo, fundamentalmente até que o governo angolano deixe de sustentar a repressão financeira (vide capítulo V).

Por outro lado, segundo Fernando Cardoso[17]o grau de abertura do comércio externo da SADC é apenas de 4%. Donde, pensamos que Angola, face as particularidades apontadas (vide 2° ciclo) deve deter o índice mais baixo de integração na região acresce, ainda:

- O valor do kwanza, no período em questão, foi bastante forte, com uma taxa de câmbio média de USD 29.9 (cf. Rubrica 5.2 do mapa n°4 cm anexo) o que torna a situação duplamente complicada;

---

15   Banco de Portugal (1996) Evolução das economias dos PALOP - 1995/96 – Lisboa - pp 20/21.

16   Citado em Relatório de actividade do Instituto de Investimento Estrangeiro de Angola, 1996 (para o caso de Portugal).

17   IEEI / Forum Euro/Latino Americano – A integração aberta. Um projecto da União Europeia e do Mercosul – IEEI – Lisboa – 1995 – p 122

- de um lado torna possível adquirir da região um determinado volume de bens e serviços com menores custos, incentivando assim as importações. Constitui, deste modo, um indicador da existência de fortes reservas, factor desincentivador do fluxo do IDE óptimos da região, capazes de gerarem lucros e, consequentemente, défices da Balança de Pagamentos, na medida em que o governo teria que sustentar os grandes projectos de infra-estruturas em detrimento dos primeiros (investimentos óptimos como).

A manutenção da taxa de câmbio durante o 1º ciclo do comércio, funcionou como tampão de controle administrativo da inflação. Porém, não obstante estas medidas proteccionistas, Angola já se debatia com problemas inerentes à inflação, já que se verificava uma variação do nível de preços induzida pela taxas de juros internacionais.

Esta constatação só foi possível mediante o apuramento do índice de inflação (vide rubrica 5.1 do mapa n.º 4) a partir do método do deflactor[18] e, como consequência, foi o surgimento dos fortes défices públicos (vide rubrica 5.4 do mapa n.º 4) e, como é óbvio, o agravamento da Balança de Pagamentos (vide mapa n.º 2), na medida em que o governo face às políticas monetárias passivas que originaram as fracas poupanças internas, foi financiando o défice público[19] a partir das poupanças externas.

---

[18] O deflactor obtém-se dividindo o PIB a preços correntes pelo PIB a preços constantes. O resultado da operação indica-nos a variação do nível de preços entre um ano base e o ano corrente. Posteriormente achamos a inflação a partir da variação do deflactor (nível de preços).

[19] Os défices orçamentais do sector público constituem a principal causa do défice público, na medida que o seu financiamento só é possível mediante a políticas monetárias expansionistas, pondo deste modo a necessidade da liberalização da economia, no sentido da remoção das distorções do mercado interno de capital, de modo a atrair as poupanças e por conseguinte os investimentos, tanto do ponto de vista interno como externo. Por este facto, no período da implementação dos PAE, a contenção dos gastos públicos é uma das principais medidas a ter em conta.

1.3.1.2 – ANÁLISE DO SEGUNDO CICLO

O segundo ciclo -1991/94, marcado pelo início das reformas do sistema monetário e financeiro, face à forte repressão financeira da primeira fase verificou um aumento do grau de abertura comercial a nível da SADC, para os 25% do total. Esta situação é justificada pela inclusão da África do Sul na organização regional (1994) e a mudança dos seus objectivos (criação de um mercado comum, segundo Fernando Cardoso./95 – p 119), pelo seguinte:

Primeiro, "as fortes relações da União Aduaneira da África Austral – SACU (1910), que engloba a África do Sul, Lesotho, Botswana e Suazilândia, países que juntamente com a Namíbia formaram a Zona do "rand" (recentemente transformada em Common Monetary Area, com a excepção do Botswana).

Segundo, "a África do Sul pode vir a ser o pivô do desenvolvimento de África, face às vantagens consideráveis em relação outras nações confrontadas com o mesmo problema de desenvolvimento: ela dispõe de um sistema jurídico bem codificado e um quadro regulamentário para as políticas dos orçamentos, entre outros programas (James Walfenhon)[20].

Esta fase é caracterizada por uma forte inflação, cuja cifras atingiram os mil por cento "hiperinflação" (cf rubrica 5.1 do mapa nº4), fundamentalmente pela inexistência da intermediação financeira, face às taxas de juros passivas das instituições financeiras oficiais serem inferior as taxas de juros de mercado.

A dinâmica da capacidade da África do Sul, por ser o polo de desenvolvimento na região, é em certa medida justificada pelo Instituto de Investimento Estrangeiro angolano: a nível regional (SADC) só a África do Sul apresenta intenções de investir em Angola, em cerca de 1,73% do total das intenções do ano de 1995.

Em síntese, sendo pólo de desenvolvimento da África, obviamente será o ponto central para o processo de integração da África Austral, na medida em que os países membros aproveitarem as suas sinergias.

---

[20]   Presidente do Banco Mundial (1995) *in Le monde du travail dans une economie sans frontières*

Deste modo, Angola não teve grande acção sobre o índice de abertura do comércio regional, sobretudo pelo seguinte:

Inexistência da intermediação financeira em virtude das taxas de juros passivas das instituições financeiras serem inferiores as taxas de juro do mercado[21];

Por outro lado, a persistência da repressão financeira manteve-se devido à existência de três tipos de taxa de câmbios[22], fundamentalmente no intuito da manutenção das empresas públicas (crédito público) face aos fortes défices orçamentais das empresas públicas.

Por isso é que se diz que as políticas orçamentais jogam um papel central na concepção dos PAE e sectorial e, constituem, muitas vezes o elemento determinante da aplicação dos programas[23].

No caso de um empréstimo de ajustamento estrutural, empréstimos multilaterais (vide rubrica 3.4 do mapa 4), a redução dos défices públicos a nível sustentável[24] é pois a primeira e a mais importante das medidas a adoptar para promover a estabilização macroeconómica:

---

[21] A diferença da taxa de juro nominal com o índice da taxa de inflação (vide rubrica 5.1 e 5.3 do mapa n.º 4) dá-nos uma taxa de juro real extremamente negativa, ou por outras palavras, as taxas de juros reais são inferiores às taxas de juros nominais, o que implica perda de valores dos depósitos efectuados nas instituições financeiras, constituindo assim um dos factores nefastos da poupança interna e consequentemente o pressuposto para fuga de capitais (neste período a taxa de juro passiva a 1 ano, em % foi: 1991/12%; 1992/12%; 1993/16%; 1994/86%). Exemplo: foi a partir deste princípio que, durante a inflação Alemã de 1923, as taxas de juros atingiram frequentemente o valor 1 milhão por cento ao mês. Citado in Samuelson P. (1981) – "Economia" – p 621

[22] Taxa de câmbio primário, secundário e paralelo.

[23] Citado in World Bank – "Strutural and sectoral adjustment" – repport n.º 1491/95

[24] Exemplo, "um dos critérios de convergência da UEM é o estabelecimento do défice público na ordem dos 60% do PIB e o défice orçamental que não vai para além dos 3% do PIB", variáveis determinantes das pressões inflacionistas e por conseguinte da balança de pagamentos, face ao recurso externo que os governos adoptam no sentido de equilibrar as contas externas, fundamentalmente para

- redução da pressão inflacionista de modo a conduzir o défice da Balança de Pagamentos (vide rubrica n.º 6 d0 quadro nº2 em anexo I) para proporções aceitáveis. Isto é possível mediante medidas concretas de restrição orçamental, através dos choques do nível da oferta. O que trará a confrontação de duas situações difíceis de arbitrar:
- redução da produção (sector real);
- eliminação da inflação (sector financeiro).

No caso concreto de Angola, os PAE têm sido dificultados, nomeadamente por pressões políticas e sociais (vide capítulo IV). Como consequência temos os ciclos inflacionistas, constituindo deste modo um agravamento da já débil economia, pelo que pensamos que há necessidade da concertação das políticas afins.

O peso da dívida externa total sobre o PNB tem aumentado (vide rubrica 2.3, mapa n.º 4), enquanto que os serviços da dívida sobre as exportações, tem vindo a deteriorar-se (vide rubrica 2.4 quadro 4).

Perante o presente quadro, o IDE em Angola para os parceiros da SADC não se mostraram atractivos; aliás, é um fenómeno económico natural, na medida em que os períodos de reformas são essencialmente marcados pela contracção dos investimentos públicos e mesmo dos privados, devido ao grau de incerteza. De certo modo, esta situação é confirmada pelos indicadores económicos (vide rubrica 4.5 do mapa 4).

Assim, segundo Eduardo de Morais [25] «há pouca intermediação financeira em Angola, adiantando que o montante de depósitos é apenas 9,3% do PIB, menor ainda que noutros países africanos pouco desenvolvidos enquanto que as taxas de juros reais foram negativas nos últimos anos...».

Perante o presente quadro, a estruturação do sistema financeiro só será possível mediante o aumento das taxas de juros passivas de modo a estimular os depósitos bancários (poupanças) e a diminuição das reservas legais, aumentando a oferta de crédito, fundamentalmente

---

os PVD, como Angola, ávidos de poupanças internas (Cf. Adelino Torres, Convergência e crise europeia, *in* Expresso – Lisboa –23/08/97).

[25]   Vice Ministro das Finanças de Angola, na assembleia anual do FMI/BM, citado em Correio da manhã-Lisboa, 18 – 09 – 97/Economia/CM p 3

para o sector dinâmico da sociedade, capaz de rendibilizar os respectivos investimentos efectuados "o sector privado". Todavia, esta viragem só será possível mediante a concertação dos instrumentos macroeconómicos[26].

Em suma, o mais importante para o desenvolvimento das estratégias de Angola no âmbito da SADC, será a convergência das políticas macroeconómicas nos países membros, dando assim a possibilidade da estabilização da conjuntura, aumento das poupanças privadas e atracção de IDE da região.

Concluindo, pretendemos analisar a situação económica, financeira e social de Angola, incidindo nos principais fluxos da actividade económica e financeira.

O objectivo principal visou a apreciação do quadro económico de Angola tendo em conta as novas tendências (marcadas por um forte crescimento económico do Norte em detrimento do Sul, aumento da disparidade entre os dois pólos, que demonstra a diferenciação e disparidade estruturais e sectoriais, quer no sector primário, secundário ou terciário dos *PD*, relativamente aos *PVD)*.

É partindo deste quadro que a Comissão Económica para África das Nações Unidas (CEA) apresentou alternativas mais ajustadas para o processo de integração regional em África: a integração das infra-estrutura físicas, institucionais e sociais; integração dos mercados, integração das estruturas de produção e integração dos mercados com base na especialização da produção.

Porém, em função dos resultados (quadro n.º 1 em anexo), concluímos que é quase impossível falar, na actualidade, dos sectores da actividade económica angolana como um conjunto.

Em termos da conjugação do desenvolvimento dos respectivos sectores com o crescimento demográfico, face aos resultados obtidos

---

[26] Segundo Jean Tinbergen "para se prosseguir dois objectivos não é possível dado a conflitualidade que pode existir entre eles, utilizar apenas um instrumento, tornando necessário a utilização de pelo menos dois". Este princípio serve de preocupação de se tomar uma ou poucas medidas para alcançar multiplicidade de objectivos (equilíbrio interno e externo) citado em António Serra – Políticas Económicas em África – Lisboa – ISEG - 1994

no sector primário e o forte crescimento e concentração da população nas regiões urbanas na ordem dos 42,9% (cf. rubrica 1.3 do quadro 3), leva-nos a crer que a maior parte da população angolana vive numa pobreza extrema, obviamente sem esquecer os efeitos da prolongada guerra.

Isto leva-nos a tirar a seguinte ilação: "a irradiação da pobreza, enquanto condição de base para o desenvolvimento, só poderá ter sucesso se começar pela aplicação de políticas que favoreçam o crescimento económico e a estabilidade social

Face a esta situação, uma estratégia realista de integração, deve tomar em conta a repercussão do comportamento do sistema financeiro internacional. O problema que se coloca será saber qual a estratégia a adoptar por Angola face ao processo de integração regional da África Austral?

Muito sucintamente, a resposta será a convergência das políticas macroeconómicas em questões vitais para o desenvolvimento económico e social da região, especialmente no que se refere a taxa de câmbio e à liberalização do mercado a que mais adiante nos debruçaremos com maior profundidade.

Com efeito, face à situação económica, financeira e social que caracterizam o estado angolano, para que estes objectivos se concretizem efectivamente, pensamos antes de mais na necessidade de restruturação de todos os sectores de actividade.

Deste modo, a integração é funcional para as estratégias nacionais de desenvolvimento que prossigam os mesmos objectivos. Por outras palavras, a integração é funcional para as estratégias de desenvolvimento nacional de dentro para fora.

Em suma, a crise do sistema económico, financeiro e social de Angola, no período em causa (1985/94), advém de factores endógenos e exógenos, no âmbito das estratégias delineadas pela CEA, bem como as orientações da SADC, face aos fracassos dos processos de integração regional em África por via do comércio e da produção em especial pelos seguintes factores:

- falta de competitividade dos produtos dos estados membros da região em comparação com os fornecedores de países terceiros;
- o alto custo de comercialização;

- a escassez de divisas e de créditos devido à distorção das políticas macroeconómicas;
- a limitação de factores de produção;
- restrição do comércio alimentar;
- excesso de investimentos do sector público;
- mercados fortemente protegidos por barreiras alfandegárias.

A melhor opção para que Angola enverede no processo de integração regional será, sem dúvida através das infra-estruturas, nomeadamente através do sector de energia eléctrica (SEE).

CAPÍTULO II

O PAPEL DO SECTOR DE ENERGIA ELÉCTRICA (SEE) EM ANGOLA NO PROCESSO DE INTEGRAÇÃO REGIONAL DA ÁFRICA AUSTRAL

A estrutura do presente capítulo antes de mais, deverá ter em conta as vantagens comparativas que lhes são inerentes (potencial hidráulico) no contexto regional, pelo seguinte:

- Segundo estudos efectuados pela *SADC* (presentemente o sector de energia eléctrica é o veículo que apresenta melhores performances na generalidade, no seguimento das políticas das trocas da região...)[27].

Porém, face às mudanças da ordem económica internacional, consubstanciadas na primazia das vantagens competitivas em detrimento das vantagens comparativas, o SEE, para que seja efectivamente o principal veículo deste movimento integracionista da região, de modo a que os intervenientes no processo tirem benefícios das vantagens comparativas do sector a partir da interconexão dos sistemas eléctricos da região, necessita antes de mais de reestruturar toda a política dos principais indicadores do sistema eléctrico.

Deste modo, a primeira questão que se coloca, será a problemática do sector, que será dada a partir da análise dos principais indicadores do sistema eléctrico, partindo da elaboração de um diagnóstico conciso e completo (um diagnóstico conciso e completo de um sistema eléctrico necessita de um conjunto de rácios que cubram os aspectos

---

[27] "The electricity sub-sector is presently performing major changes following the general political and economic changes of the region..." - Southern African Development Community – SADC – to 26/28 January 1994 – p9

técnicos, financeiros, gestão e institucional das empresas e o seu envolvimento macroeconómico)[28].

Pela importância relativa do estudo, iremos desenvolver com maior profundidade os aspectos técnicos, enquanto que os demais serão abordados nos capítulos subsequentes, obviamente no decurso do desenvolvimento dos aspectos tecnológicos faremos algumas considerações sobre os demais.

2.1 - ANÁLISE DO SECTOR DE ENERGIA ELÉCTRICA ANGOLANO

Na análise do sector de energia eléctrica angolana pretende-se dar uma panorâmica em torno das potencialidades do mesmo em relação aos países da região, bem como a capacidade de produção instalada tento como base os três indicadores técnicos que constituem o sistema eléctrico(política de produção, de transporte e distribuição e do consumo):

2.1.1 – POLÍTICA DA PRODUÇÃO

No contexto do cone Sul de África, fundamentalmente entre os países que constituem a organização para Coordenação para o Desenvolvimento da África Austral (SADC), Angola é um dos países que possui um relativo potencial hidráulico capaz de satisfazer a médio prazo as suas necessidades prementes de electricidade, e a longo prazo exportar para as regiões circunvizinhas, através da interconexão dos sistemas eléctricos da região, obviamente caso as condições económicas o permitirem (produção de energia a melhor preço).

---

28 Diallo S. et all – Leçon Pour une Planification de Energetque en Africque – CIFOP END 199? p 68

POTÊNCIA, CAPACIDADE HÍDRICA INSTALADA E
DISPONÍVEL DA SADC

QUADRO N.º 5   UM: MW

N.º	DESCRIÇÃO	RESERVA		DISPONÍVEL
0	PAÍSES	MW p.a	MW	MW
1	Angola	70.000	16.000	156
2	Botswana	0	0	0
3	Lesotho	2.000	450	145
4	Malawi	7.000	1.000	2.655
5	Moçambique	60.000	12.500	240
6	Namibia	6.970	1.565	540
7	South Africa	5.550	2.960	41
8	Swasiland	1.800	330	41
9	Tanzania	20.000	6.000	333
10	Zambia	21.406	3.924	2.045
11	Zimbabwe	13.285	2.515	633
12	SADC	2.080.121	47.244	6.790

FONTE: SADC ENERGY COOPERATION POLITICY AND STRATEGY

AUGOSTO 1996

Por outro lado, é importante realçar que a República Democrática do Congo (ex. Zaire) é o potencial detentor dos recursos hidráulicos da região, dos quais 40% deste potencial esta localizado na bacia do Inga.

Quanto à estrutura da potência de energia eléctrica angolana, esta encontra-se repartida da seguinte forma (vide quadro 6)

ESTRUTURA DA POTÊNCIA DE ENERGIA ELÉCTRICA
ANGOLANA INSTALADA E DISPONÍVEL

QUADRO N.º 6   UM. MW

N.º 0.0	DESCRIÇÃO	ANO DE 1987	
		INSTALADA	DISPONÍVEL
1.0	Total – ENE	462,7	274,6
1.1	Potência hídrica	287,1	158,2
1.2	Potência térmica	175,6	116,4
1.3	Variação % (hídrica/total)	62,05	57,61
2.0	Sistema Norte	254,4	191,8
2.1	Potência hídrica	197,6	135
2.2	Potência térmica	56,8	56,8
2.3	Variação % (hídrica/total)	77,67	70,39
3.0	Sistema Centro	11,2	46,7
3.1	Potência hídrica	49,4	7,2
3.2	Potência térmica	61,8	39,5
3.3	Variação % (hídrica/total)	44,42	15,42
4.0	Sistema Sul	59,49	17,67
4.1	Potência hídrica	27,2	13,6
4.2	Potência térmica	25,3	15,1
4.3	Variação % (hídrica/total)	44,42	32,43
5.0	Sistemas Isolados	44,6	7,4
5.1	Potência hídrica	12,9	2,4
5.2	Potência térmica	31,7	5
5.3	Variação % (hídrica/total)	28,82	32,43

FONTE: PNUD/BIRD - DOC. N.º 7408/1989

Face à potência hídrica instalada de Angola, no período em análise (1985/94), de 287,1 MW, em relação a térmica 175,6 MW, o fornecimento de energia eléctrica é teoricamente assegurado pela produção de energia eléctrica de geração hídrica.

Deste modo, em consequência das variações da estrutura da produção (hídrica/térmica) 62,04%, durante o período em análise, o organismo reitor do SEE angolana, estabeleceu determinados acordos com vários grupos técnicos e organismos internacionais, no sentido de analisar as razões das variações dos sistemas produtivo, bem como estudos acerca de vários aspectos do sector[29], no sentido de procurar

---

[29] Belgian Engineering Promotion, Themas Engenharia, financiado pela SADC, Missão PNUD/BIRD. Citado in PNUD/BM et (1989), Angola: Problemas e Opções no sector Energético, Relatório n.º 7408- ANG – p 80.

a melhor forma de corrigir as respectivas oscilações (Cf quadro n.º 7) entre outros aspectos.

ESTRUTURA DA PRODUÇÃO DE ENERGIA ELÉCTRICA
DE ANGOLA

QUADRO N.º 7   UM:GWH

N.º	DESCRIÇÃO	ANO									
		1985	1986	1987	1988	1989	1990	1991	1992	1993	1994
1.0	Total	704,9	766,9	769,5	842	847	778	905	945	874	937
1.1	Produção hídrica	406,1	441,8	443,3	485	488	448	521	544	503	504
1.2	Produção térmica	298,8	325,1	326,2	357	359	330	383	400	370	397
1.3	Variação da estrut. % (Hídrica/total)	57,61	57,61	57,61	57,61	57,61	57,61	57,6	57,6	57,6	57,6
2.0	Sistema Norte	555	606	569,8	655	657	582	696	715	678	757
2.1	Produção hídrica	390,6	426,5	404,1	461	462	410	490	503	477	533
2.2	Produção térmica	164,4	179,5	168,7	194	194	172	206	212	201	224
2.3	Variação da estrut. % (Hídrica/total)	70,39	70,39	70,39	70,39	70,39	70,39	70,4	70,4	70,4	70,4
3.0	Sistema Centro	67,2	80,1	110,3	98,9	102	102	112	127	97,1	95,9
3.1	Produção hídrica	10,36	12,35	17,01	15,2	15,8	15,8	17,2	19,5	15	14,8
3.2	Produção térmica	56,84	67,75	93,29	83,7	86,6	86,6	94,3	108	82,1	81,um
3.3	Variação da estrut. % (Hídrica/total)	15,42	15,42	15,42	15,42	15,42	15,42	15,4	15,4	15,4	15,4
4.0	Sistema Sul	52,9	57,9	66,2	63,6	64	60,3	67,1	65,3	62,6	63,7
4.1	Produção hídrica	23,5	25,72	29,41	28,3	28,4	26,8	29,8	29	27,8	28,três
4.2	Produção térmica	29,4	32,18	36,79	35,3	35,6	33,5	37,3	36,3	34,8	35,4
4.3	Variação da estrut. % (Hídrica/total)	44,42	44,42	44,42	44,42	44,42	44,42	44,4	44,4	44,4	44,4
5.0	Sistemas Isoladoas	29,8	22,9	23,2	23,9	24,4	32,9	29,9	37,4	36,3	20,9
5.1	Produção hídrica	9,665	7,427	7,524	7,75	7,91	10,7	9,7	12,1	11,8	6,78
5.2	Produção térmica	20,14	15,47	15,68	16,1	16,5	22,2	20.2	25,3	24,5	14,um
5.3	Variação da estrut. % (Hídrica/total)	32,43	32,43	32,43	32,43	32,43	32,43	32,4	32,4	32,4	32,4

FONTE: ENE PLANO DIRECTOR DE REABILITAÇÃO DOS SISTEMAS ELÉTRICOS - 09/96

obs[30]

---

[30]   Por indisponibilidade de dados, nomeadamente as horas de funcionamento das respectivos sistemas, os cálculos da estrutura de produção de energia eléctrica foram efectuados a partir da potência disponível em 1987.

As variações da estrutura de produção, face aos dados descriminados no quadro n.º 7, assinalam principalmente a baixa de produção hídrica nos sistemas centro e sul, imputados a três factores:

- .falha no sistema de produção hídrica em consequência da falta de manutenção e conservação sistemática dos grupos geradores entre outros componentes das centrais;
- falta de manutenção das linhas de transportes, bem como das subestações;
- outros factores de índole subjectivo e objectivo (fundamentalmente as falhas inerentes as sabotagens ocorridas a níveil das centrais e linhas de transporte).

Porém, dado que o sistema eléctrico angolano é independente, para melhor consistência na análise das principais causas que entravaram e entravam o normal funcionamento do mesmo, será efectuada por sistema e, consequentemente, por tipo de geração, de modo a identificar as principais estratégias adoptadas e a adoptar, no sentido do restabelecimento e concomitantemente no aumento da capacidade de geração, sem contudo afectar os rendimentos a obter face aos processos de produção.

2.1.1.1 – SISTEMA NORTE

O sistema Norte, com uma capacidade de produção instalada de 254,4 MW em 1994, dos quais 62,05 % é de origem hídrica, correspondendo a 88,6 % do total da produção disponível(Cf. quadro n.º 6).

Os centros de produção de energia eléctrica do sistema Norte, encontram-se assegurados a partir de quatro pólos fundamentais:

1 – A central hídrica de Cambanbe, localizada na província do Kuanza Norte, com uma capacidade de produção instalada de 180 MW, repartida em quatro grupos geradores de 45 MW, dos quais dois entraram em serviço em 1963 e dois em 1973; em 1994 encontravam-se apenas disponíveis dois grupos;

2 – A central hídrica das Mabubas, localizada na província do Bengo com uma capacidade instalada de 17,8 MW, repartida

em dois grupos geradores de 8,6 MW, cujas datas de entrada em serviço foram em 1953 e 1959. Esta central encontra-se desactivada desde o ano de 1986, com vista a sofrer uma reparação capital, avaliada em 7 milhões de dólares. As previsões de entrada em serviço estavam programadas para os finais de 1988, arrastando-se até agora;

3 – A central térmica de Luanda, localizado na subestação do Cazenga, com uma capacidade geração de 56,8 MW, repartida em dois grupos geradores, dos quais um com a capacidade de geração de 25 MW, iniciou a produção em 1980 e, o outro, em 1985, com uma capacidade de 31,2 MW;

4 – Um conjunto de pequenos geradores com uma capacidade média de 1,4 MW disseminados por várias artérias da cidade de Luanda, dos quais uma parte se encontra paralizadas por falta de uma política de manutenção sistemática entre outras.

A história destes pequenos grupos geradores está intrinsecamente associada à resposta a uma situação de emergência criada pela instabilidade política e militar de Angola. Deste modo, uma vez terminado os conflitos, os respectivos grupos poderão ser canalizados para os sistemas isolados espalhados pelo país.

Consequentemente dada a sua componente tecnológica, os custos inerentes à manutenção, conservação e operacionalidade, face à escassez de mão-de-obra especializada e os custos com o transporte de combustível, lubrificante, acessórios e sobressalente, as estruturas do SEE terão que fazer antes de mais um estudo de modo a identificar a eficiência dos mesmos, tanto do ponto de vista privado como social.

Porém, segundo a experiência que a ENE obteve no decurso do funcionamento dos grupos, em vários centros isolados, a curto prazo, as transferências são consideradas tecnicamente inviáveis, pelo que deverá procurar novas formas para viabilizar o destino dos mesmos.

Em suma, as razões do mau funcionamento do sistema de produção Norte deve-se, fundamentalmente, à negligência do organismo reitor do sistema de energia eléctrica de Angola "ENE" e, por outro lado, à situação política e militar da região.

2.1.1.2 – SISTEMA CENTRO

O sistema centro, com uma capacidade de produção instalada de 111,2 MW, dos quais, entre 1985 e 1994, apenas 15 % da produção era de origem hídrica, representa o índice mais elevado da procura reprimida[31].

Apesar da capacidade de geração hídrica instalada, em 1994 a produção disponível foi apenas de 9,5 GWH, representando 10 % da produção total.

O sistema de produção Centro é assegurado a partir de 5 centros de produção:

1 – A central hídrica do Biopio, com uma capacidade de geração instalada de 14,4 MW, repartida em quatro grupos geradores de 3,6 MW, instalado em 1957

   A central hídrica do Biopio é complementada por uma central térmica (GT) com uma capacidade de 22,8 MW instalado em 1974;

2 – A central hídrica do Lomaum, com uma capacidade instalada de 35 MW, repartidos em três grupos geradores, dos quais, dois com uma capacidade de 10 MW, iniciaram a actividade em 1964 e um, em 1972, com uma capacidade instalada de 15 MW. Actualmente, esta central encontra-se desactivada face a uma forte sabotagem ocorrida em 1986. Neste momento, encontram-se em curso obras de reabilitação e aumento da sua capacidade, com a construção de mais dois grupos geradores com uma potência de 15 MW, passando no futuro a uma capacidade de 65 MW;

3 – A central térmica do Lobito, com uma capacidade de geração de 20 MW, repartida em 4 grupos geradores de 5 MW cada, iniciou a sua actividade em 1986;

4 – A central térmica do Huambo, com uma potência chapa de 13 MW, iniciou a actividade de exploração em 1981. Devido

---

[31]   Obtém-se a partir da relação da produção térmica e hídrica, o que vem justificar a afirmação do primeiro parágrafo da secção 2.1.1, onde se diz que Angola possui um relativo potencial hídrico.

a problemas ligados com a natureza dos combustíveis, lubrificantes e altitude da província (1800 m), a potência de saída limitou-se a 10 MW. Esta central é complementada com um conjunto de pequenos geradores que oscilam entre os 0,8 a 1,4 MW.

5 – Um conjunto de pequenos grupos geradores de potência média instalada de 1,4 MW, disseminados nas cidades do Lobito e Benguela.

Porém, devido a problemas inerentes à conservação e manutenção sistemática, parte dos grupos geradores encontram-se desactivados.

2.1.1.3 – SISTEMA SUL

O sistema Sul com uma capacidade de produção instalada de 59,5 MW, dos quais 27,2 MW é de origem hídrica, representando 44,4 % do total da produção de Angola.

O sistema Sul é assegurado a partir de quatro centros de produção:

1 – A central hídrica da Matala, com uma capacidade de geração de 27,6 MW, repartida em dois grupos geradores de 13,8 MW cada com a data de início de exploração em 1959. Actualmente, devido a constantes sabotagens e à falta de manutenção e conservação sistemática dos equipamentos, encontra-se apenas a funcionar um grupo, com a capacidade disponível reduzida a metade;

2 – A central térmica do Namibe, com uma capacidade de geração instalada de 11,5 MW, repartida em dois grupos geradores de 5,75 MW cada, iniciou a sua actividade de exploração em 1980. Actualmente o seu funcionamento está condicionado, devido a falta de manutenção e conservação;

3 – A central térmica do Tombwa, com uma capacidade de geração instalada de 1,6 MW, iniciou a sua actividade de exploração em 1970. Presentemente, devido a problemas de corrosão e face à falta de manutenção, encontra-se desactivada;

4 – Um conjunto de pequenos grupos geradores, com uma capacidade de geração instalada de 1,4 MW, disseminados em várias artérias das cidades do Lubango, Namibe e Jamba.

Também, aqui, parte dos grupos geradores encontram-se desactivada.

2.1.1.4 – SISTEMAS ISOLADOS

Os sistemas isolados, no total detêm uma capacidade de geração de 44,6 MW, da qual 12,9 MW são de origem hídrica e o restante de origem térmica, correspondem a 2,3 % do total de energia hídrica instalada de Angola, em 1994, e estão repartidos pelos seguintes centros de produção (vide quadro n.º 8):

SISTEMAS ISOLADOS

QUADRO N.º 8   UM:MW

N.º	LOCALIZAÇÃO		TIPO	N.º DE UNIDADE	CAPACIDADE		INÍCIO DE
0.0	PROVINCIA	SITUADO		E POTÊNCIA	INST.	DISP.	EXPLOR.
1.1	Cabinda	Malongo	GT	um*12,3 MW	12,3 MW	10 MW	1980
1.2		Móvel	D	três*1,5 MW	4,5 MW	1,5 MW	1971
1.3		Cacongo	D	4*0,3 MW	1,2 MW	1,2 MW	n.d
2.1	Uige	Luquixe	H	três*0,36 MW	1,1 MW	1,1 MW	1957/68/71
2.2		Uige	D	três*0,35 MW	1,1 MW	1,1 MW	n.d
2.3		Móvel	D	um*1,5 MW	1,5 MW	1,5 MW	1980
3.1	Lunda Norte	Luaximo	H	4*2,4 MW	9,6 MW	ind	1957
3.2		Luxilo	D	um*1,5 MW	1,5 MW	1,5 MW	n.d
3.3		Lucapa	D	dois*3,2 MW	6,4 MW	6,4 MW	n.d
4.1	Bié	Andulo	H	dois*0,05 MW	0,1 MW	0,1 MW	n.d
4.2		Kunje	H	três*0,54 MW	1,6 MW	1,6 MW	1971
4.3		Coemba	D	dois*0,01 MQW	0,2 MW	0,2 MW	n.d
4.4		Kuito	D	um*0,8+1*0,5 MW	1,3 MW	1,3 MW	n.d
5.1	Moxico	Luena	D	dois*0,6 MW	1,2 MW	1,2 MW	1974
6.1	Huila	Kubango	H	dois*0,15 MW	0,3 MW	0,3 MW	1972
7.0	Total				44,6 MW	16,7 MW	

FONTE: BM/92

Dado a sua dispersão, e fundamentalmente localizados em regiões onde o desenvolvimento das infra-estruturas básicas (hospitais e centros de educação aos mais variados níveis) para o desenvolvimento e crescimento económico são escassos, como a mão de obra qualificada, bem como a instabilidade política e militar, a maior parte destes grupos encontram-se desactivados.

2.2 – A POLÍTICA DE TRANSPORTE E DISTRIBUIÇÃO

Tal como acontece na maioria dos PVD, em particular os países da África Subsariana, Angola pouco ou quase nada fez em termos de investimento em infra-estruturas de transporte e distribuição de energia eléctrica no decorrer do período em análise (1985/94), limitando-se apenas a pequenos remendos face a situações pontuais.

As infra-estruturas são constituída por troços de linhas (Cf. quadro n.º. 9) ajustadas às instalações complementares, como: torres postos, aparelhos de medição, de controle, de regulação e de comando. Constituem o equipamento de transporte e distribuição de energia eléctrica.

A classificação dos meios é feita sobretudo para identificar as funções precisas, como:

- os recursos de transportes propriamente ditos, constituídos por linhas onde a capacidade de transporte (KVA) é da mesma ordem de grandeza observada de uma cidade importante;
- tem o papel de assegurar permanentemente os recursos recíprocos em caso de incidente (fontes alternativas);
- tem um papel económico, graças às trocas, em função dos preços de venda relativa de energia produzida por diferentes recursos (por exemplo, energia de produção hídrica e térmica) onde o importante é minimizar os custos totais de produção.

Deste modo, tendo em conta o descriminado, o sistema de transporte e distribuição de energia eléctrica em Angola não está completo, pelo que, sendo factor determinante da regulação do preço de energia, há necessidade de se tomar medidas urgentes no sentido da sua complementação.

CARACTERÍSTICAS DAS LINHAS DE TRANSPORTE DE
ENERGIA ELÉCTRICA DE ANGOLA

QUADRO N.º 9

N.º	NOME DO NÓ		SECÇÃO mm2 ACSR	TENSÃO kv	CAP. INST. EM 1986
1	Luanda	Mabubas	50 cu	60	20
2	Luanda	Cambambe	409	220	2*250*0,8=400
3	Cambambe	N´Dalatando	409	220	200
4	Cambambe	Capanda	2*409	220	
5	Cambambe	Gabela	409	220	200
6	N´Dalatando	Pambo Sonhe	409	220-220-100	
7	N´Dalatando	Cacuso	116	100	50
8	N´Dalatando	Capanda	2*409	220	
9	Cacuso	Malanje	116	100	
10	Pambo Sonhe	Uige	116	110	
11	Gabela	Lobito	409	220-220-150	
12	Gabela	Biopio	409	220-220-150	
13	Gabela	Lomaum	409	220-220-150	
14	Gabela	Alto Catumbela	409	220-220-150	
15	Lobito	Biopio	262	150	120
16	Biopio	Lomaum	262	150	120
17	Lomaum	Alto Catumbela	262	150	120
18	Alto Catumbela	Huambo	262	150	120
19	Huambo	Lomaum	120	60	
20	Chinguar	Alto Catumbela	69	60	
21	Kuito	Cunje	262	30	9
22	Cacombo	Alto Catumbela	262	150	
23	Gove	Huambo	262	150	
24	Alto Catumbela	Matala	262	150	
25	Lomaum	Lubango	n.d	n.d	
26	Lomaum	Matala	262	150	
27	Porto Alexandre	Namibe	n.d	n.d	
28	Namibe	Lubango		60-150-60	2*12; 2*21
29	Lubango	Matala	262	150	120
30	Matala	Jamba	262	150	120
31	Jamba	Tchamutete	n.d	n.d	
32	Jamba ya mina	Matala	262	150	

FONTE: BAD/1986

n.d: não disponível

Por outro lado, as situações pontuais que provêm de factores de ordem subjectiva e objectiva, constituirão, sem dúvida nenhuma, um dos principais elementos de estrangulamento do sistema de transporte e distribuição, tal como acontece na produção.

Segundo o cálculo da missão PNUD/BM[32], em 1986 as perdas nos extractos descriminados rondavam em cerca de 22 % do total da produção. Situação bastante preocupante se tivermos em conta o cálculo efectuado pelo BM[33] num conjunto de 45 países de África para o ano de 1987, onde a taxa média de perdas (na produção, no transporte e na distribuição) rondava cerca de 18,4 % enquanto que o nosso estudo (cf Quadro n.º 10 em anexo) representam as variações das perdas do sistema eléctrico angolano entre 1985 à 1994.

ESTRUTURA PERCENTUAL DAS PERDAS DE ENERGIA ELÉCTRICA DE ANGOLA

QUADRO N.º 10   UM: GWH

N.º	DESCRIÇÃO	ANO									
		1985	1986	1987	1988	1989	1990	1991	1992	1993	1994
1.0	Total de perdas na distribuição em %		16,18	11,15	11,19	16,79	9,347	8,29	11,26	10,25	11,46
1.1	Energia produzida	704,9	766,9	769,5	841,8	847,4	777,8	904,7	944,7	873,8	937,3
1.2	Energia distribuida		642,8	683,7	747,6	705,1	705,1	829,7	838,3	784,dois	829,9
2.0	Perdas no sistema Norte		16,5	9,091	11,29	8,361	9,361	7,87	9,709	8,955	10,82
2.1	Energia produzida	555	606	569,8	655,4	656,6	582,2	696,2	714,8	677,8	756,8
2.2	Energia distribuida		506	518,4	581,4	601,7	527,7	641,5	645,4	617,um	674,9
3.0	Perdas no Sistema Centro		9,863	12,24	3,236	8,887	2,344	3,408	10,53	15,55	13,87
3.1	Energia produzida	67,2	80,1	110,3	98,9	102,4	102,4	111,5	127,2	97,um	95,9
3.2	Energia distribuida		72,2	96,8	95,7	93,3	100	107,7	113,8	82	82,6
4.0	Perdas no Sistema Sul		23,83	28,25	23,11	23,28	23,38	23,1	34,61	15,18	16,95
4.1	Energia produzida	52,9	57,9	66,2	63,6	64	60,3	67,1	65,3	62,6	63,7
4.2	Energia distribuida		44,1	47,5	48,9	49,1	46,2	51,6	42,7	53,um	52,9
5.0	Perdas nos Sistemas Isolados		10,48	7,759	9,623	5,738	5,167	3,344	2,674	12,12	6,699
5.1	Energia produzida	29,8	22,9	23,2	23,9	24,4	32,9	29,9	37,4	36,três	20,9
5.2	Energia distribuida		20,5	s,4	21,6	23	31,2	28,9	36,4	31,9	19,5

FONTE: ENE/96

---

[32] PNUD/BM et (1989) Angola: Problemas e opções no sector Energético – Relatório n.º 7408-ANG

[33] Leçon Pour une Planification Energetique en Afrique – CIFOP 199? p 70

Comparando os cálculos efectuados pela missão do PNUD/BM, que visitarou Angola em 1988, com os cálculos efectuados pelo BM em 1987 em 45 países da África Subsariana, aqueles são bastantes baixos. Tal comparação só demonstra que efectivamente o nível de perdas é tecnicamente aceitável; logo, os investimentos em termos de conservação e manutenção sistemática da rede de transporte e distribuição não são considerados prioritários, constituindo assim um pólo de estrangulamento do funcionamento eficaz do sector.

Entre os elementos de ordem objectivos e segundo o estudo da missão PNUD/BM/89 uma das causas das perdas é dado pela "variedade do nível de tensão dos cabos de transportes (cf. Quadro n.º 11 em anexo) aumentam as dificuldades e os custos de manutenção, na medida em que tornam difícil manter um nível de stock adequado de peças de reservas" para manutenção e conservação do sistema de transporte.

De certo modo, é justificável o problema inerentes aos custos de aquisição dos cabos com capacidade de tensão variáveis, mas pensamos que a principal causa do estrangulamento mormente alguns cabos só serem produzidos, na actualidade, por encomenda, é que não reside na variação da tensão senão no quadro da própria política do sector, como:

- política de abastecimento técnico material;
- política tarifária inadequada (não justificam os avultados custos dos investimentos, como os de exploração efectuados);
- política macroeconómica inadequada (orçamental, crédito, monetária, cambial e fiscal) que contribui negativamente para o mau funcionamento do sector;
- escassez de informação.

A escassez de informação é o resultado de todo o estrangulamento do sector, se tivermos em conta que ela é o garante da tomada de decisão, como veremos oportunamente na secção seguinte.

Todavia, para que a informação funcione como mola impulsionadora das estratégias do sector terá que ser consistente e fornecida em momento oportuno, de maneira a tomar-se as medidas adequadas.

Por outro lado, com uma informação distorcida, mesmo que as políticas tomadas sejam certas os resultados reflectirão sempre a informação, pelo que, em termos de política energética e mesmo económica, consideramos mais desastroso as decisões tomadas com informação errada do que as medidas tomadas sem informação; logo toda a atenção deve ser dada no sentido de estruturar o sistema de informação.

Por último, um dado muito importante em termos comparativos da capacidade e quilometragem das linhas de transporte e distribuição do sistema eléctrico angolano com os países da SADC, face a sua dimensão 1.246.700 KM2 (conforme quadro n.º 11) é bastante preocupante

LINHAS DE TRANSPORTE DE ENERGIA ELECTRICA DA SADC

QUADRO Nº.11   UM: KM

Nº.	PAÍS	765 KV AC	535 KV DC	330/400 KV	275 KV	220 KV	150 KV	132 KV	SUB-TOTAL
1	ANGOLA					548	569		1117
2	BOTSWANA					769		392	1161
3	LESOTHO							83	83
4	MALAWI							4389	4389
5	MOÇAMBIQUE		860		85	1737			2682
6	NAMIBIA		522			1496		787	2805
7	SOUTH AFRICA	871	1030	11789	6945	1239		16107	37981
8	SWAZILAND							87	87
9	TANZANIA					1660		1620	3280
10	ZAMBIA		1793			508			2301
11	ZIMBABWE		2850						2850
12	SADC	871	1890	16954	7030	7957	569	24450	59721
Nº.	PAÍS	100/110 KV	88 KV	66 KV	60 KV	33 KV	22 KV	11 KV	TOTAL
1	ANGOLA	159			1030				2306
2	BOTSWANA			120		215		608	2104
3	LESOTHO		86	78		473		690	1410
4	MALAWI			1093		1447		1733	4711
5	MOÇAMBIQUE	1130		225		1900		800	6737
6	NAMIBIA		2093			847	1819	661	8225
7	SOUTH AFRICA				20824			157566	216371
8	SWAZILAND			895		65		2220	3267
9	TANZANIA	1160		240		n.d	n.d		
10	ZAMBIA					n.d	n.d		
11	ZIMBABWE	10	1600	175		693		26410	38823
12	SADC	2459	4629	5006	21854	1174	1819	190688	283954

FONTE: SADC/1989 nd=não disponível

Pelo facto pensamos que a revisão da política de transporte e distribuição deve ser uma das prioridades a ter em conta a médio e longo prazos, na medida em que a eficiência da mesma só será possível mediante o apuramento efectivo dos custos fixos e variáveis do sistema eléctrico nacional, de modo a estabelecer-se um sistema tarifário segundo os princípios técnicos e científicos (vide capitulo IV).

2.3 – A POLÍTICA DO CONSUMO

A energia eléctrica é uma forma essencial ao desenvolvimento das sociedades nos tempos modernos. Cada vez mais a sociedade está dependente da alimentação de electricidade, substituindo muitos modelos de accionamento de natureza diferente ou criando novas necessidades por inovação tecnológica. Por isso o crescimento do consumo de energia eléctrica nos países inseridos na actual civilização baseada na tecnologia é uma constatação insofismável, apesar de acções paralelas de conservação.[34]

É partindo deste crescimento de utilização de energia que nós centraremos as estratégias da política do consumo versus demanda de energia nas sociedades, particularizando como é obvio o caso de Angola.

2.3.1 – ANÁLISE DA DEMANDA DE ELECTRICIDADE EM ANGOLA

Na maior parte dos PVD, como é o caso de Angola, o governo é o potencial detentor do monopólio do SEE através das suas estruturas afins. Pensamos que em função dos resultados de toda a actividade do sector, pouco ou quase nada tem feito para o desenvolvimento da política de consumo de energia eléctrica. Porque as suas prioridades estão particularmente centradas na produção e, em certa medida, no transporte, deixando portanto para último plano a política estrutural do consumo, a principal fonte de informação para execução dos

---

[34]   Duarte-Ramos H.- Revista portuguesa de energia eléctrica - EDEL- LDA- N.º 337- P 254

investimentos no sector, ou por outras palavras a pedra de toque da generalidade das políticas do sector.

Esta afirmação reflecte-se particularmente no fraco investimento em instrumentos de controlo de consumo de energia eléctrica, bem como na generalidade da sua política comercial, o que não permite uma clarificação das estruturas do consumo segundo os princípios técnicos e económicos. (vide capítulo III e IV).

Em resultado desta má política, verificam-se por um lado investimentos efectuados no sector injustificadamente, segundo os princípios económico e social para análise e avaliação de projectos neste sector de actividade económica, como é o caso do projecto Capanda.

Por outro lado, esta deficiência, como é óbvio, vem dificultar a execução dos planos nacionais de demanda, na medida em que os elementos para o efeito são bastantes diminutos e na maioria das vezes distorcidos.

Como resultado, os planos nacionais de demanda não são efectuados segundo os princípios técnicos e científicos, como por exemplo a conjugação das necessidades de energia a curto e longo prazos segundo o stock de equipamento.[35]

É partindo deste ponto que a execução dos planos de demanda *versus* produção de energia eléctrica em Angola no período em análise é simplesmente efectuada em função dos meios de produção disponíveis (operacionais), sem ter em conta os factores temporais mencionados, entre outros que mais adiante no desenvolvimento

---

[35] O stock do equipamento eléctrico condiciona o consumo de electricidade, e por conseguinte não determina, já que, o mesmo stock pode ser sujeito a diferentes níveis de utilização, logo diferentes consumo de electricidade. Neste sentido ou termo, a demanda (procura) de electricidade é determinada pela conjugação de dois factores: a evolução do stock de equipamento eléctrico (o que tem a ver com perspectiva a longo prazo já que os consumidores ajustam os stock de equipamento no longo prazo) já que o maior número ou grau de utilização do stock de equipamento depende de um conjunto circunstancial de factores, que se verificam em cada período relativamente curto e que são susceptíveis de serem alterados de período a período, segundo José Mendes .- "A procura residencial de electricidade em Portugal" – ISEG- 1994- p 36.

das principais fases do planeamento de demanda nos debruçaremos com maior profundidade, bem como não podia deixar de ser exemplificando em particular alguns casos concretos no que concerne o SEE angolano bem como em geral nos PVD.

2.3.2 – AS PRINCIPAIS FASES DO PLANEAMENTO DA DEMANDA

O objectivo da presente secção face ao estrangulamento que acarreta o planeamento da demanda de energia eléctrica centra-se em três fases, em consequência das constatações que lhe seguem:

1º - Representará o planeamento da demanda efectuada pela primeira vez numa determinada região (pré-electrificação). Esta fase dada a indisponibilidade de informação acerca da demanda é marcado essencialmente pelo estudo preliminar das possibilidades de desenvolvimento da região, que no caso das sociedades estruturalmente organizadas podem ser obtidos através dos planos de desenvolvimento económico de modo a estabelecer-se as necessidades prementes de electricidade (curto prazo), bem como o estabelecimento da demanda futura (a longo prazo).

Por último, os estudos desta fase preliminar segundo os *expert* em planeamento de energia eléctrica, aconselham sempre a comparar os estudos realizados com projectos ou experiência colhida de regiões vizinhas semelhantes, desde o ponto de vista económico e social, no intuito de eliminar as eventuais distorções preliminares.[36]

Este estudo, todavia, permite determinar em primeiro lugar a demanda de energia e, posteriormente, a forma mais económica para satisfazer a demanda, como por exemplo a opção entre a produção de energia por fonte de geração térmica ou hídrica (Ver capítulo III);

2º- Quanto ao planeamento da demanda é efectuado a partir de informação ou de dados estatísticos incompletos e distorcidos, como acontece com a generalidade dos PVD.

---

[36] Exemplo, consultar Rui Vieira – "Cahora Bassa no desenvolvimento de Moçambique e na política Portuguesa de cooperação para o desenvolvimento" - ISEG- 1990- pp 15/16.

Face às condicionalidades que advêm da distorção dos dados estatísticos do sector, tem-se procurado numerosas alternativas, que por sua vez são também dificultadas na medida em que as estatísticas económicas gerais (como exemplo o PIB) não são completas nem fiáveis.

Porém, partindo do princípio de que **sejam quais forem as dificuldades é necessário estabelecer estimativas da demanda para cada mercado**[37], face à situação constatada, numerosos estudos são efectuados no sentido de se estabelecer as projecções da demanda.

Entre eles, temos estudos do crescimento da demanda de energia eléctrica de alguns dos principais sectores de actividade económica (sector industrial e doméstico) a partir do estudo da relação da actividade dos mesmos durante um determinado período. (Veja quadro n.º3 em anexos-I)

Todavia, na sequência da distorção dos dados estatísticos deste sector, os resultados dos estudos são na sua maioria pressupostos para o desmoronamento do sistema económico e social, na medida em que os resultados destes estudos são sempre efectuados por defeito ou por excesso. Como exemplo, temos os investimentos ociosos do sector, factores que contribuem negativamente para o défice orçamental e por conseguinte para a desestabilização da Balança de Pagamentos.

Por outro lado, na impossibilidade da modulação dos potenciais consumidores, estes países débeis em informação estatísticas, tanto do ponto de vista do SEE como da generalidade da economia, têm ainda outra hipótese, que consiste no apuramento da demanda através da realização de inquéritos sobre determinados extractos sectoriais.

Entre eles, o nível de stock de equipamento em posse dos principais extractos sectoriais, como o industrial e o doméstico, no sentido de estabelecer-se uma média das necessidades de energia. Apresentamos como exemplo, o obtido através da amostragem realizada a partir do cálculo do stock do equipamento básico doméstico, como as arcas frigoríficas, as geleiras, os aparelhos de ar condicionado as lâmpadas de iluminação para cada habitação, os rádios e televisores (modalidade utilizada para o cálculo da demanda

---

[37]   John A. King JR- "La evaluacion de proyetos de desarrollo económico"- BM. Editorial Tecnos Madrid- 1970 – p 35

dos programa-piloto de electrificação rural PPER em Marrocos[38] de modo a estabelecer-se as necessidades de consumo final. Efectivamente, existem várias modalidades para as projecções da demanda, como é o caso de Angola, que não obstante das condições técnicas, económicas e sociais, no período em análise não lhe permitiu o desenvolvimento de um plano nacional efectivo da demanda, segundo os princípios técnicos e científicos, foi mais adiante nas projecções deste indicador (demanda), através do estabelecimento da mesma por nível ou escalão da habitação (o exemplo da distinção entre o consumo de vivendas e de apartamentos).

No entanto estas projecções não tem o mínimo de segurança face ao alto nível de erro, a não ser no cumprimento do princípio escrupuloso de que sejam quais forem as dificuldades é necessário estabelecer estimativas da demanda de cada mercado de energia eléctrica.[39]

Este facto verifica-se nas sociedades subdesenvolvidas ou melhor intermédias onde existe já uma estruturação do tecido económico e social, face ao baixo nível de erro que possam advir dessas estimativas, pensamos que é aceitável. Mas para o caso de Angola, onde o tecido económico e social se encontra desarticulado, uma vez que se considerarmos que a não existirem planos económicos sectoriais regionais e globais de desenvolvimento não é possível estabelecerem-se cifras com margens de erro aceitáveis. O que nos leva a crer que estas políticas de estimativas são meramente ilusórias[40].

Com isto, queremos dizer que os planos de desenvolvimento económico de um país, regional ou sectorial são instrumentos complementares fundamentais para a elaboração das estratégias da demanda de energia eléctrica;

---

[38]   UNESCO- Energie et societé (le cas du programme pilote d´electrication rural decentralisée (PPER) ou Maroc- 1995- p 417

[39]   Exemplo: John A. King. JR.- La evaluacion de pryetosd de desarrolo económico- BM- Editor Tecnos Madrid- 1970- caso 2 e 8.

[40]   A título de exemplo: questionamos quantas indústrias existem a nível do território de Angola e consequentemente a participação do consumo de energia eléctrica por essas indústrias no Valor Acrescentado Bruto (VAB)?

3º - Quando o planeamento é efectuado com base em informações estatísticas fiáveis, das cargas de ponta e outros factores complementares, assim como da actividade económica e social em geral, pode-se fazer projecções fiáveis e detalhadas da demanda face à estrutura do consumidor, como acontece nos PD.

Em suma, a análise da estrutura do consumo de energia eléctrica permite-nos indicar as principais ocorrências do uso desta forma de energia. Todavia, pensamos que estes indicadores são os mais difíceis de se colher em Angola, face ao estado organizativo das estatísticas do SEE, em consequência da falta de mão-de-obra qualificada e fundamentalmente, de uma política coerente para o efeito por parte das estruturas competentes afins

Todavia, a análise do consumo, potência e sua evolução de sector para sector é sem dúvida um dos elementos básicos para o planeamento do SEE, logo, um esforço deveria ser consagrado na colecta dos respectivos dados.

Por último, é a partir destes indicadores que poderemos estabelecer também a intensidade energética (carga da demanda) dos processos que reporta à unidade do produto ou do serviço, de modo a estabelecermos os programas de energia eléctrica em consonância com os programas económicos, sociais e globais.

CAPÍTULO III

PRINCÍPIOS PARA ANÁLISE E AVALIAÇÃO DE PROJECTOS DE INVESTIMENTOS E FINANCIAMENTO DO SEE

3.1 – CONSIDERAÇÕES GERAIS

Neste capítulo não pretendemos fornecer teorias abrangentes e rigorosas sobre a análise de um projecto de investimento.[41] Pretendemos sim, fornecer as linhas e elementos necessários para a execução e análise de um projecto de investimento no SEE, de modo que os avaliadores, após a verificação do cumprimento dos seis requisitos necessários para execução do projecto[42], aprovem o plano de financiamento.

A avaliação do projecto do SEE, face à sua dependência em relação aos demais sectores da actividade económica, e consequentemente do peso que o mesmo exerce na economia nacional de um dado país em virtude dos avultados capitais empregues na implementação e exploração do empreendimento, terá de dar primazia à análise económica e social, e posteriormente aos restantes requisitos considerados não menos importantantes.[43]

---

[41]   Ver Helio Barros .-"Análise de projecto de investimento -Silado-Lisboa-1991" entre outros.

[42]   Aspectos económicos, técnicos, administrativos e orgânicos, institucionais, comerciais e financeiros.

[43]   Rui Viera –"Cahora Bassa no desenvolvimento de Moçambique e na política Portuguesa de Cooperação"-ISEG-Lisboa-1990-p32;

A avaliação de projectos de energia acarreta certos problemas específicos, devido às características próprias do sector. Regra geral, o sector eléctrico nos PVD é monopólio do estado, não obstante a existência de formas de produção privada para o consumo próprio através de recursos de pequenas centrais ou grupos geradores térmicos, enquanto que o monopólio de produção do estado é feito de várias formas de produção (como: hídrica e térmica) e em grande escala.

A questão principal entre a pequena produção e a grande escala reside fundamentalmente nos custos unitários da produção, porque o consumo próprio da pequena produção é bastante elevado relativamente à grande produção pela necessidade de uma maior capacidade de reserva face a menor diversificação da carga.

Por outro lado, a substituição raras vezes constitui uma solução prática, não só por razões de vantagens técnicas da produção em grande escala bem como pela existência de fontes de energias economicamente viáveis em relação à produção hídrica em grande escala.

Porém, para que as empresas eléctricas públicas possam operar com a máxima eficiência, sem abusar do seu poder monopolista de estado, há necessidade da desregulamentação das tarifas mesmo que explorados por organismos estatais. Como as tarifas e serviços estão geralmente sujeitas ao controlo do governo, os rendimentos não reflectem o valor que o consumidor final atribui ao serviço prestado. Por este motivo, os rendimentos não constituem uma base significativa para calcular os benefícios económicos. Estas medidas são complementadas mediante uma avaliação de toda a economia do mercado que vai servir o projecto, assim observamos a influência do SEE na economia nacional e vice-versa.

A. King Jr -La evaluacion de projectos de desarrollo económico -Editores tecnos -Madrid-1970,

Cavers D. -Nelson J.-Ordenamento de la energia eléctrica en America Latina -EMECE -Editores SA. Buenos Aires-1961

3.2. - A PROGRAMAÇÃO DA PRODUÇÃO NO SEE

Para fazer uma previsão equilibrada das necessidades de energia no mercado nacional e regional, é preciso proceder à execução dos seguinte passos.

1-Determinar previamente as necessidades do desenvolvimento e dos recursos disponíveis, por exemplo, o número dos potenciais consumidores e o potencial hídrico disponível. Com base nestes estudos pode-se determinar o tipo de central a construir[44] e, consequentemente, a sua classificação por categoria, de modo a apurarmos os custos de investimento face à tecnologia necessária na medida que a sua localização será o factor determinante para o apuramento dos custos como os que se seguem:

a)- Central situada no eixo dos rios, localizada em lugar bem determinado, cuja potência de saída dependerá exclusivamente do fluxo da água e em geral, são as menos custosas. Este tipo de central corresponde à central de queda baixa, oscilando entre os 3 a 35 metros, e normalmente é utilizada para o fornecimento de energia em locais onde a demanda é baixa;

b)- Central de reserva, construída em locais que ofereçam vantagens naturais relativamente à criação de depósitos para o armazenamento da água proveniente do fluxo da corrente e para utilizar segundo a demanda de electricidade. Comparativamente, pode proporcionar uma maior potência fixa excepto em períodos de seca prolongada. Pelo que, este tipo de central pode fazer frente à demanda em período de ponta. Este tipo de central corresponde ao tipo de queda média de água, oscilando entre os 35 e os 100 metros. Consequentemente os custos de investimentos variam entre os preços da central de queda baixa e alta,

c)- Central de armazenamento por bombeio, caracterizada pelo bombeio de água vinda de um reservatório localizado

---

44   Naciones Unidas – "Fuentes de energia para el suministro de electricidad de interes para los países en desarrololo" - Naciones Unidas - Nueva York - 1989 - pp 109/110.

a um nível baixo para um de nível superior. Este tipo de procedimento pode ter dupla vantagem, como o aumento do factor da capacidade, e o evitar a utilização de unidades de carga de ponta que são, em geral, as unidades cujos custos de geração são mais elevados. Com efeito, devido à componente tecnológica este tipo de central é a mais cara. A queda de água da central é superior a 100 metros.

Em geral, o nível da potência geradora aumenta em proporção a qualquer aumento que se registe na poupança da corrente do rio ou na queda da água disponível. Enfim, há uma série de factores que se tem de ter em conta na planificação do desenvolvimento do potencial da geração hidroeléctrica.

2-Uma vez determinado o potencial hídrico disponível, coloca-se o problema fundamental, que consiste na satisfação das necessidades ao menor custo possível para a economia. A principal finalidade da avaliação económica dos projectos de energia eléctrica é determinada pelo ponto de vista económico, por exemplo a selecção de projecto hídrico em detrimento dos térmicos (cf quadro 14 e 15). Em consequência do primeiro problema a determinar, dever-se-á avaliar a demanda de energia, por isso é necessário analisar o mercado e estabelecer projecções da demanda futura. Em segundo lugar, estudar a forma mais económica de determinar a demanda, através da fixação da tarifa.

Em suma estas questões são afins, logo, há necessidade de as estudar em simultâneo, na medida em que o custo afecta a demanda e vice-versa. O que implica que o preço de energia eléctrica tem uma importância relativamente menor do que o preço de outros bens e serviços. Como acontece em outros sectores, há métodos básicos para estimar a demanda futura num determinado mercado, como os que se seguem:

1º- consiste em calcular as taxas prováveis do crescimento da demanda total ou de algumas variáveis principais, a partir de um estudo da relação da demanda dos últimos anos entre essa taxa e a taxa de crescimento de alguns indicadores conjunturais e estruturais;

2º- o método que consiste na determinação da evolução provável dos principais consumidores complementados, no caso dos países que tem um plano de desenvolvimento económico, por estimação dos planos de produção dos sectores primordiais da actividade económica.

Em teoria deveriam ser aplicados ambos os métodos e comparados os resultados. No entanto muitos dos estudos de projecção efectuados pelo BM, são baseadas no primeiro método face às seguintes constatações: quando um país dispõe de estatísticas completas e fiáveis sobre as vendas totais e distribuição dos principais sectores, as cargas de ponta e outros factores similares, assim como a actividade económica em geral. De facto, podem-se fazer projecções detalhadas e bastantes perfeitas (vide secção 2.3).

Todavia, nos PVD, o sistema de energia eléctrica encontra-se numa fase incipiente, logo, as estatísticas de consumo não reflectem com exactidão a demanda. Por outro lado, as estatísticas económicas gerais não são completas nem fiáveis[45] e, em consequência, dos resultados, surge a dificuldade de se efectuar projecções[46]. Não obstante, sejam quais forem as dificuldades é preciso fazer estimativas específicas para cada mercado. Na falta de estatísticas completas e fiáveis, a melhor maneira de estimar a demanda nestes países deve ser efectuada a partir de projecções dos dois potenciais sectores de consumidores, o sector industrial e o doméstico. Por último, um elemento muito importante na escolha entre a geração hidroeléctrica e a térmica, é a capacidade de absorção da mão-de-obra e as externalidades do projecto; paralelamente aos estudos inerentes ao investimento do sector produtivo dever-se-á efectuar estudos em simultâneos de todo o sistema eléctrico, isto é, estudos sobre transporte e distribuição, nomeadamente as linhas, postes, torres, subestações, aparelhos de medida. Enfim, todos os substrato do sistema eléctrico. Esta observação é pertinente, na medida em que as empresas públicas do sector e fundamentalmente nos PVD, prestam menor atenção

---

[45]   Exemplo: as distorções de dados do SEE angolano distorce em parte o PIB e consequentemente os indicadores conjunturais e estruturais. Logo, o indicador em causa não representará a realidade efectiva do país.

[46]   John A. King Jr – "La evaluacion de projectos de desarrollo economico" - Editores Tecnos - Madrid- 1970- p 34

nos estudos do transporte e distribuição e fundamentalmento do consumo, por "indisponibilidade financeira". Em suma, isto quer dizer que a análise dos projectos do SEE requer um exame não só do projecto, bem como de todas as circunstâncias que o rodeiam, ou seja o complexo económico total de que o projecto fará parte. Na prática, isto significa uma análise de seis elementos distintos do projecto, a saber: aspectos económicos, técnicos, administrativos orgânicos, institucionais, comerciais e financeiros.

3.3.0.- A PROBLEMÁTICA DAS EXTERNALIDADES

3.3.1- PRODUÇÃO

A produção de energia eléctrica através de centrais hidroeléctricas pode acarretar efeitos positivos e negativos sobre o meio ambiente[47]. Os aspectos positivos podem ser dados a partir do melhoramento da capacidade de controle das possíveis inundações, bem como o impacto positivo ou negativo sobre as actividades do turismo e do lazer.

Relativamente aos aspectos negativos principais que um projecto hidroeléctrico pode provocar fundamentalmente a submersão de terras aráveis ou vilas inteiras, como tal devem-se contabilizar os custos inerentes ao deslocamento da população das eventuais regiões onde se pretende construir o empreendimento para outras regiões mais seguras, face a eventuais submersões e a problemas endémicos que estes projectos podem provocar, entre outros. Por outro lado, o poder da água e a acumulação de sedimentos no fundo das reservatórios da barragem, exercem uma restrição sobre a crosta terrestre que podem provocar movimentos e tremores de terra[48]. Deste modo, uma ruptura da barragem pode ser a causa de numerosos incidentes sobre

---

[47] OCDE- "Effet sur l'environnement de la prodution d'electricité" - ocde- Paris- 1985- p 175

[48] A título de exemplo, temos o rompimento do reservatório da barragem de Vaionte na Itália, que provocou em 1963, um deslizamento de terras que custou a vida a 2000.pessoas *in* Pierre Sevette – "L'economie de l'energie dans les pays en voi de developpement"- Institut d' Etudes du Developpement Economique et Social de Paris - 1963.

o investimento, pelo qual deve ser considerado como factor a ter em conta na análise e avaliação de projectos hídricos.

No caso concreto de Angola, temos o problema de fissura na barragem do Gove, barragem reguladora do caudal do rio Cunene, motivo pelo qual, para além de problemas administrativos, nunca efectuou nenhuma descarga com vista a regular o caudal do rio de modo a evitar calamidades nas regiões circunvizinhas da barragem

Pelo facto, toda a atenção com vista a contornar a situação por parte do organismo reitor do empreendimento deverá ser dada.

A par da situação descriminada, temos, também, o perigo eminente da barragem das Mabubas, situada na província do Bengo, que poderia por em perigo as populações da região, caso não se tomassem precauções no sentido de evitar uma forte inundação; este facto foi um dos principais pressupostos para a desactivação da mesma em 1978, com vista a sofrer uma reparação capital.

3.3.2- TRANSPORTE E DISTRIBUIÇÃO

Dado o perigo eminente que uma barragem pode provocar junto das populações ribeirinhas, a sua construção deverá merecer cuidados sérios, como o deslocamento da população para uma distância considerável do projecto. Claro que esta situação provocará novos transtornos no apuramento dos custos de investimentos em termos do transporte e da distribuição[49] face à distância existente entre o centro de produção e de consumo. Senão vejamos, as linhas de transporte de alta tensão constituem elementos importantes da reserva e distribuição e podem ter maior incidência sobre os investimentos face aos seguintes factores:

- custos inerentes à própria linha;
- perigo inerente à produção do ozono e consequentemente efeitos negativos sobre o habitat;
- interferência sobre as comunicações;
- perigo sobre a navegação aérea;

---

[49]   Idem pp131 à 133.

- o risco na utilização final de electricidade é, evidentemente, a electrocutação. Deste modo, os custos contra a prevenção de tais riscos é um factor a ter em conta nos estudos de análise e avaliação dos projectos em causa

Segundo estudos da UNESCO "as actividades energéticas são geradoras mais do que todas as outras actividades industriais de externalidades negativas: devoram espaços, poluem a atmosfera e o curso da água, constituindo assim uma fonte pesada de risco tecnológico maior sobre as sociedades contemporâneas".[50]

Em suma, o estudo comparativo em termos das externalidades entre os projectos de geração hídrica e térmica é um elemento a reter na análise e avaliação dos projectos do SEE, dado que ambas as fontes de geração são acompanhadas de factores nefastos à sociedade.

Partindo dos pressupostos descriminados, concluímos que, nos estudos e implementação dos projectos do SEE, participam uma camada considerada da comunidade científica e técnica, como: engenheiros, geólogos, biólogos, químicos, físicos, economistas, etc., na qual os custos envolventes com esta mão-de-obra especializada como da tecnologia empregue, constituem parte integrante dos custos dos projectos.

3.4 - A ELECTRIFICAÇÃO RURAL

A presente secção dado a dinâmica e a complexidade que acarreta o estudo da problemática da electrificação rural, nomeadamente, o impacto das externalidades face ao uso indiscriminado dos recursos florestais entre outros, pela população, centrará fundamentalmente, por um lado na importância da conservação do meio ambiente, e por outro lado, no aproveitamento as sinergias do processo de integração do SEE angolano no contexto do cone sul de África.

Porém, para a prossecução do respectivo objectivo, pensamos que é necessário delinear o nível de electrificação rural de Angola, segundo os padrões técnicos internacionalmente empregues para o

---

[50]   UNESCO (1995) Energie et societe

melhoramento do aprovisionamento da energia eléctrica neste extracto da sociedade[51].

E consequentemente as principais estratégias a seguir face ao grau de electrificação rural de Angola tendo em conta aos dois factores fundamentais para prossecução da electrificação rural, "o económico e social"[52] de modo a preservar o meio ambiente e o desenvolvimento sustentável.

3.4.1 – ESTRATÉGIAS PARA OS PROGRAMAS DE ELECTRIFICAÇÃO RURAL

No quadro dos planos nacionais de electrificação (PNE) de Angola, que consiste fundamentalmente na sua reabilitação, a longo prazo é bastante promissora a partir da interligação dos principais

---

[51] Segundo Banco Mundial em - "L´electrification rural" – 1976 pp 24/25, existem três fases de procedimento empregue para o melhoramento do aprovisionamento da energia eléctrica rural, como se segue:

1º- fase utilização de geradores independentes e provisórios pelos utilizadores independentes privados;

2º- fase utilização de geradores independentes e provisórios por diversas utilizadores associados na construção de reservas locais;

3º- fase fornecimento de electricidade a partir das reservas nacionais públicas.

[52] É importante realçar que no âmbito da análise dos projectos de electrificação rural, a análise da rentabilidade económica deve ser feita em primeiro lugar e, posteriormente, o social de modo a evitar o *trade-off* entre ambos. Muito sinteticamente, o ponto de partida para análise da natureza das vantagens económicas deve consistir no seguinte:

1- aspectos práticos de maneira a medir as vantagens; 2- a forma de prever a demanda das vantagens; 3- a análise dos custos; 4- cálculo relevantes a análise de custos e benefícios (taxa interna de rendibilidade *TIR)*; seguidamente os aspectos sociais: 5- critério de aceitabilidade do projecto, em caso de não se conciliarem os dois objectivos (económico e social), importa realçar; 6- princípios da política tarifária; 7- a disponibilidade de rendimento dos potenciais consumidores, a partir da análise de diferentes agregados (ver ponto 2.3.0 do capítulo II)

sistemas eléctricos (Sistemas Norte, Centro e Sul) e posteriormente, regionais tanto do ponto de vista económico como social.

Do ponto de vista económico não é se não o estudo efectivo dos custos marginais a curto e longo prazos, de modo a tratar-se do estudo de viabilidade da integração dos sistemas acima apontados caso os resultados o justificarem, tendo em conta as seguintes constatações:

- começando pela análise da principal fonte de geração eléctrica em Angola, "a geração hídrica" e a disposição das mesmas junto dos principais centros de actividade económica rural (agrícola, agro-pecuária e agro-industrial) leva-nos a crer que podemos falar em simultâneo de planos nacionais de electrificação PNE, bem como de planos nacionais de electrificação rural PNER, mormente a especificidade do último.

A partir deste estudo poderá pensar-se num PNER centralizado (fornecimento de electricidade a partir das reservas nacionais públicas, que segundo estudos do BM, fornece 80% da energia eléctrica rural[53]) ou descentralizado (a partir de sistemas diminutos isolados).[54]

Deste modo, no âmbito da consolidação da rendibilidade dos projectos (ou melhor, na cobertura dos custos envolvente na actividade de exploração) de electricidade rural e dos programas globais de electrificação, que na actualidade são dirigidos no sentido da preservação do meio ambiente com o objectivo de evitar o aumento da camada de ozono na atmosfera, que provoca o sobreaquecimento do planeta, dever-se-á ter em conta o aspecto "social."

"Dentro deste contexto, para o desenvolvimento e crescimento sustentável há necessidade de desenvolver um ambiente de modo a promover as aspirações de igualdade entre os povos no sentido da conservação do meio ambiente"[55].

---

53   Citado em BM- "L´electrification rural" - 1976-p 25

54   Para melhor compreensão ler UNESCO (1995) "Energie et societé" (Le cas du programme pilote d´electrification rural decentralisée (PPER) au Maroc - pp 417 a 431.

55   Ver SADC- "Energy cooperation policy and strategy"- TAU- 1996- pp 1 à 2

Criando as condições acima referenciadas, pensamos que Angola e o conjunto dos países da SADC caso os programas sejam de âmbito regional, estarão em condições de receber do Banco Mundial, financiamento em cerca de 10% do total de investimento do SEE para os planos nacionais ou regionais de electrificação rural[56].

Assim sendo, a interconexão dos sistemas eléctricos quer nacionais quer regionais no cone Sul de África, também com o objectivo da electrificação rural, pensamos que constitui um pressuposto premente do processo de integração regional da África Austral, desde que os investimentos conduzam à minimização dos custos de energia[57].

Em suma, os PNER devem ser vistos dentro do quadro de aproximação global do aprovisionamento da energia eléctrica e do desenvolvimento prioritário junto das zonas rurais com potencial económico à altura, de modo a compensar os custos envolventes nos investimentos efectuados.

3.4.2 – A ELECTRIFICAÇÃO RURAL E A SOCIEDADE

A electricidade como as outras fontes de energia, é considerada como um factor de desenvolvimento sócio-económico no contexto tanto do mundo urbano como rural, pela sua fácil e múltipla utilização,

---

[56] Este ponto vem ao encontro das estratégias da SADC - research and development (pesquisa e desenvolvimento), citado em SADC- "Energy cooperation policy and strategy"- TAU- 1996

[57] Esta afirmação deve-se fundamentalmente ao aproveitamento das principais linhas de transportes de energia da região para a electrificação de determinadas regiões rurais da SADC, desde que os seus custos o justifiquem do ponto de vista económico e social, de modo a salvaguardar os avultados investimentos. A título de exemplo, embora não seja efectivamente a electrificação rural, temos as linhas que transportam a energia eléctrica de Moçambique (Cahora Bassa) para República da África do Sul, na medida que é tecnicamente possível sairem outras linhas para além das destinadas à África do Sul, com destino a Tete (Moçambique), M´lanje (Malawi), Zimbabwe e outros centros de consumo de Moçambique, segundo Rui Vieira – "Cahora Bassa no desenvolvimento de Moçambique e na política Portuguesa de cooperação para o desenvolvimento" - ISEG- 1990- p25.

contribuindo assim, para a melhoria da qualidade de vida das populações que dela beneficiam[58].

Isto porque a evolução do consumo de energia constitui um indicador das condições de conforto das famílias, uma vez que tem subjacente a disponibilidade e utilização de equipamentos que constituem indicadores tradicionais do nível de vida.

A capacidade de aquisição desses equipamentos e a sua utilização, são função do rendimento disponível das famílias, e reflectem-se no comportamento da variável macroeconómica consumo privado[59]

Deste modo, pensamos que no âmbito das estratégias levadas a cabo pela comunidade internacional, a conservação do meio ambiente, Angola, como parte integrante da comunidade internacional bem como os países da região, através da SADC, deveria apresentar as suas estratégias de desenvolvimento e crescimento sustentável, os PNE devidamente estruturados e consolidados com os PNER de modo a beneficiar de financiamentos para o efeito.

Estas políticas constituem alguns dos instrumentos básicos para o combate também do défice público, na medida em que se tratar de condicionalismos provocados pelo êxodo rural. Factor que contribui fortemente para a distorção das políticas económicas dos PVD, fundamentalmente agrícolas (já que a actividade agrícola é um factor moderador do défice orçamental) face à debilidade tecnológica, de modo a fazer a cobertura desta mão-de-obra migrante.

Isto deve-se ao duplo encargo que os governos suportam, nomeadamente com a importação de produtos agrícolas face ao défice da produção provocada pela mão-de-obra deslocadas para as zonas urbanas; por outro lado, face aos encargos governamentais na ampliação das infra-estruturas, bem como a criação de alguns empregos para esta nova população urbana. Por último, face ao baixo nível de escolaridade que a maior parte desta população possui, grande parte dela dedicar-se-á ao mercado informal entre outras actividades não geradoras de *input* contabilizáveis para o PIB, face à (des) estruturação do tecido económico. Pelo facto, é importante que

---

[58] Ver INE- Perfil da pobreza em Angola - 1996 - pp 85/ 86

[59] Citado in Ministério da Indústria e Energia – Secretária de Estado de Energia (1995), "Estratégia para o Sector de Energia", Lisboa 1995-2015 - pp 97

Angola[60] verifique as estratégias da electrificação rural, logicamente conciliando os dois factores "o económico e social" para o efeito.

3.5 - ELEMENTOS BÁSICOS PARA ANÁLISE E AVALIAÇÃO DE PROJECTOS DE INVESTIMENTOS NO SEE

O domínio do aprovisionamento de energia eléctrica, constitui o objectivo da produção consubstanciado na potência[61], isto é, a de satisfazer as necessidades da demanda[62] dos vários sectores sociais (sector primário, secundário, terciário e doméstico) em diferentes períodos de tempo e espaço. Assim sendo, a "potência e a energia" procurada constituem dois parâmetros considerados em simultâneos dentro do ajustamento entre oferta e demanda na definição de uma política tarifária e, por conseguinte, da política do SEE. Deste modo, a indisponibilidade de dados para efectuar estudos e a análise dos projectos de investimentos pode levar uma sociedade a situações desastrosas do ponto de vista económico e financeiro (vide caso Angra – Brasil)[63].

---

[60]   É importante realçar que a desactivação das pequenas actividades rurais (agrícola, agro-pecuário e comercial) e os custos relativamente altos de distribuição de electricidade em habitações muito dispersas, deram azo ao abaixamento de rendimento destas regiões. Factores determinantes para o processo da electrificação rural. Colocam Angola, segundo o BM, no nível zero em termos de electrificação rural.

[61]   Obs: a potência é a quantidade de energia eléctrica produzida ou observada por uma unidade ou por uma central produtora. Ela é exprimida em KW ou nos seus múltiplos (MW e GW). Por outro lado, a potência total instalada dentro das reservas é sobretudo determinada pela demanda máxima de ponta, e as previsões da sua evolução futura (a curto prazo).

[62]   Obs: a demanda de energia é efectuada para satisfazer as seguintes necessidades: força motriz, iluminação, aquecimento e refrigeração.

[63]   A título de exemplo, temos a ociosidade de investimento considerado como o "maior absurdo em si mesmo, e a crise o sintoma evidente da irracionalidade da economia, geradora de disperdício e carência simultaneamente; é o caso do reactor nuclear de Angra-Brasil, cuja a construção foi iniciada há mais de

O exemplo brasileiro explica-nos como o sector de energia eléctrica é levado à situação de sobreprodução; esta implicará uma alta factura do estado e por conseguinte das populações; isto deve-se ao movimento inflacionista que estes grandes empreendimentos estratégicos acarretam nas sociedades, na medida em que os fundos necessários para os investimentos e exploração terão que recair sobre alguém, conforme poderemos constatar mais adiante (vide capítulo V). A partir do exemplo em epígrafe, podemos explicar como os investimentos do SEE angolano, poderão agravar mais a situação já complicada do sector se as autoridades de direito levarem avante o projecto Capanda, sem que sejam realizados os estudos aconselhados pela missão PNUD/BM 1989[64]. Assim, o problema que se coloca será a escolha do investimento óptimo, que consistirá em primeiro lugar na determinação de evolução possível da produção futura e das potencialidades técnicas do equipamento (capacidade teórica instalada e tempo de vida útil do empreendimento) a fim de perspectivar a produção com a tecnologia que apresentar melhores performances (como por exemplo, entre a escolha do equipamento de geração térmica ou hídrica ou ainda na combinação das duas fontes de geração, na qual uma funcionará como fonte de geração básica e outra como fonte de geração complementar, que normalmente entra em actividade nos períodos críticos[65] ou de ponta).

---

12 anos (antes de 1984),.citado in Luis Rosa et all – "Energia e crise" – vozes LDA Brasil – 1984 – pp 63/64 Naturalmente que esta situação que se verificou no Brasil, leva-nos a concluir que a construção de uma central hídrica pode ser desacelerada as obras, mesmo que elas estejam próxima do seu término, de modo a evitar custos dispendiosos de exploração. Deste modo, elimina-se a existência física de sobreprodução, mantendo-se então a ociosidade de investimento altíssimo, que com um acréscimo de investimento relativamente pequeno estaria disponível para atender novas cargas.

[64]   Angola: Problemas e opções no sector energético - PNUD/BM- 1989- p 80.

[65]   "Período crítico" no caso das centrais hídricas é o período que as centrais apresentam as piores vazões, dos observados no passado. A capacidade de geração das centrais hídricas durante este período é denominada energia firme. A energia firme é a capacidade de operacionalidade de uma central

Em suma, o objectivo central numa primeira fase, visa perspectivar os custos de implementação dos investimentos. Por outro lado, em certos países, a ordem de grandeza de capitais afectos ao plano de produção de energia eléctrica são aproximadamente conhecidos a partir dos dados dos custos de exploração e manutenção sistemática, das taxas de rentabilidade e por conseguinte do tempo de vida útil dos equipamentos afectos à produção de modo a possibilitar o cálculo das taxas de actualização. Dentro destas condições, estão fixados os objectivos da produção e a grandeza dos critérios disponíveis para financiar os novos investimentos e a sua realização.

3.5.1- A DETERMINAÇÃO DA CONSTRUÇÃO DA CENTRAL HIDROÉLECTRICA

A determinação da construção de uma central hidroeléctrica será efectuada com base na proporção das centrais térmicas de base e de ponta que apresentem as melhores performances do ponto de vista técnico e financeiro.

Em princípio, a metodologia de combinação constituirá a metodologia geral para a solução desse problema. Ela compreenderá as seguintes fases de *handicap*, de modo a verificar-se o seu grau de compatibilidade e dependência ou não do respectivo sistema como:

1º- levantamento de todos os projectos do sector realizáveis e os respectivos meios auxiliares; por exemplo, a complementação de um sistema hidroeléctrico com um sistema termoeléctrico nos períodos críticos;
2º- listagem dos projectos que apresentem as melhores performances técnicas mutuamente compatíveis, como a ponta e a potência garantida durante um determinado período (exemplo 8760 horas);
3º- escolha, dentro da listagem, dos projectos que permitam realizar os objectivos da produção com os créditos disponíveis;
4º- cálculo actualizado das despesas e receitas totais;

---

hidroeléctrica nos períodos críticos. O qual, em termos de planeamento da produção de energia hidráulica, deverá ser feito com base na energia firme.

5º- determinar o projecto que permita realizar os objectivos com o total de despesas minimizadas (despesas de investimentos da produção, transporte e distribuição de energia bem como os custos inerentes à exploração e manutenção sistemática do sistema energético)[66].

Em vários países e instituições, como por exemplo a França[67] e o grupo do BM[68], a determinação da realização dos projectos hidráulicos é efectuado a partir da definição de uma série de projectos para determinar um coeficiente de valor. O método consiste em efectuar uma comparação económica do projecto hidráulico considerado com um conjunto de centrais térmicas que rende o mesmo serviço "potência e produção de um determinado período".(cf. quadros n.º 12 à 15 em anexo - II).

Porém, a elaboração do coeficiente de valor do projecto hidroeléctrico é calculado pelas despesas totais actualizadas do equipamento térmico equivalente e do equipamento hidroeléctrico. Sobre a base destes valores é estabelecido o «coeficiente de valor» que resulta directamente da informação dos seguintes elementos:

---

[66] Um dos principais factores que determinam a produção de energia ao menor custo é, sem dúvida, o factor tempo (distribuição dos gastos no tempo) consubstanciado como é obvio ao volume de investimento e os respectivos custos de exploração. Senão vejamos, um sistema hidroeléctrico acarreta sempre um grande número de volume de investimento inicial e, em contrapartida, é compensado pelos baixos gastos de exploração. Enquanto que nos sistemas térmicos é corrente os investimentos iniciais serem baixos, enquanto que os gastos futuros de exploração, principalmente os combustíveis, serem muito elevados. Deste modo, com base nesta comparação, procura-se indicar o projecto que apresente a melhor taxa de rendibilidade face ao capital investido, obtendo assim a rendibilidade financeira. Posteriormente, esta taxa deve ser comparada com os custos de oportunidade do capital, a fim de justificar economicamente o maior volume de capital investido (cf quadro 14 e 15).

[67] Sevette P.- "L'economie de l'energie dans les pays en voie de developpent"- institut détudes du developpement economique et social de Paris- 1963

[68] Jr John- La evaluacion de proyectos de desarrollo economico Editores - Tecnos Madrid- 1970- pp 217 à 222

1º- a diferença entre as despesas totais actualizadas da solução térmica equivalente ao arranjo hidroeléctrico em causa;

2º- a diferença entre as despesas de investimento necessários para as duas soluções, face ao factor de carga.

3.6.- O FINANCIAMENTO DO *SEE*

A política de financiamento do SEE, está intrinsecamente ligada com a de desenvolvimento e expansão do mesmo, de modo que, as transformações ocorridas no sector e na economia em geral, constituem a pedra de toque para a mudança da fonte de capital para o financiamento do sector em causa.

3.6.1 - GÉNESE DO FINANCIAMENTO

Historicamente o desenvolvimento e expansão do sector, reparte-se em três períodos:

1º- Período de desenvolvimento inicial do sector, nomeadamente no inicio do presente século, marcado por uma forte expansão, e, em consequência, uma forte absorção de capital excedendo os recursos dos investidores nacionais privados, na qual a expansão só foi possível mediante a adopção de recurso a capitais privados externos. Porém, é importante realçar que tais procedimentos só foram possíveis porque a situação financeira internacional os proporcionaram (para melhor aprofundamento da questão ler capítulo V).

2º- Período considerado por muitos autores, nomeadamente Cravers D. e Nelson J[69], como intermédio, marcado por uma forte oferta e fraca demanda energética face aos investimentos efectuados. Foi caracterizado essencialmente pelo alargamento do mercado de energia eléctrica.

---

[69]   Cavers D- Nelson J.- Ordenamento de la energia electrica em America Latina- Emece Buenos Aires- 1963- p 27

O alargamento do mercado de energia, como é óbvio, só foi possível à custa de preços que estimulavam o consumo e, em consequência, os rendimentos provenientes das vendas do sector, não cobriam os custos de investimentos e de exploração, resultando a descapitalização do sector.

Deste modo, os investidores privados tanto nacionais como estrangeiros, face à política de preços praticados no sector (preços regulamentados administrativamente) e, por conseguinte, movidos pela baixa de rendimento e insegurança que começava a caracterizar o sector em comparação com outros sectores não regulamentados, canalizam os seus capitais para o último sector, de modo a obterem rendimentos desejáveis, ficando o SEE fortemente descapitalizado ou ávido de tão precioso recurso para a sua expansão e manutenção.

Por último, é de realçar que a principal característica deste período foi a forte intervenção do Estado no sector;

3º- Período em consequência das políticas regulamentadoras do estado no intuito de estimular a demanda (através de tarifas baixas) nomeadamente no decurso da segunda guerra mundial, daí resultando uma alta brusca da demanda.

O sector ávido de capital em resultado da política regulamentadora do estado, não podendo atrair capitais do sector privado os recursos para expansão e manutenção foram obtidos a partir de fontes públicas (política fiscal, monetária e cambial), pondo o Estado grande parte dos capitais à disposição do sector.

Foi a partir deste período (década 40) que a maior parte dos fundos necessários para o financiamento da expansão do sector foi proporcionado pelos governos, marcando assim a preferência de propriedade pública no SEE, em detrimento dos privados, devido à escassez de capital, entre outros.

Porém, face às constatações económicas e políticas ocorridas após a segunda guerra mundial, particularmente com as crises financeiras (dos anos 60 provocadas pela guerra da Coreia, seguido do 1º e 2º choques petrolíferos e o desmoronamento do sistema monetário de Bretton Woods, na década de 70) e as novas dinâmicas das correntes económicas e políticas da década 90, os PD e mesmo os PVD pretendem dar nova dimensão, no quadro da política do financiamento do sector, a partir da Concertação de determinadas variáveis macroeconómicas (vide capítulo V), bem como a passagem da responsabilidade do sector eléctrico para o sector mais competitivo da economia "o sector privado".

3.6.2 – OS FACTORES DETERMINANTES NA POLÍTICA DO FINANCIAMENTO

Podemos constatar que o investimento do sector é afectado pelos seguintes factores:

1º- o aumento do custo de vida em consequência da carga fiscal, reduzindo as poupanças privadas;
2º- a necessidade de créditos a longo prazo para financiar o desenvolvimento da indústria eléctrica, levando o sector privado a mostrar-se receoso em financiar projectos a longo prazo, devido a desvalorizações monetárias (excesso de risco), levando deste modo ao agravamento da situação financeira já precária por parte da atitude cautelosa dos investidores privados;
3º- a política económica seguida pelos governos, fundamentalmente dos *PVD,* limitando os preços de electricidade, a qual deu azo em alguns casos concretos a dificuldades da obtenção de empréstimos para novos investimentos[70].

Deste modo, o SEE deve cobrar tarifas que satisfaçam as seguintes condições:

1º- permitam a remuneração interna efectiva do sector, mediante a acumulação de entradas por depreciação (amortizações) e receitas obtidas a partir do apuramento dos custos de

---

[70] Exemplo o conselho dado pela missão PNUD/BM et em 1989 ao organismo reitor do SEE angolano no sentido de levar avante o projecto Capanda, condicionado pela estruturação do sistema tarifário.

exploração e manutenção do sistema eléctrico, que contribuam substancialmente para o financiamento e exploração do empreendimento;

2º- procurar formas de atrair capitais fresco dos investidores sempre que for necessário;

3º- que as empresas sejam auto-suficientes e, para tal, necessitam antes de mais de compatibilizar a legislação que rege a actividade do sector com a sua aplicabilidade, de modo que o objectivo seja efectivamente viabilizado. Estas cláusulas constituem o principal argumento do BM na análise dos projectos do sector com vista ao seu financiamento[71].

Por último, dada a dimensão e a interconexão existente entre o financiamento e as restantes políticas macroeconómicas, o presente capítulo será complementado no capítulo V.

---

[71] Jonh A. King, Jr- La evaluacion de proyetos de desarrollo económico- Editores Técnos- Madrid- 1970- pp 141 à 167

CAPÍTULO IV

O SISTEMA TARIFÁRIO *VERSUS* PLANEAMENTO DO SECTOR DE ENERGIA ELECTRICA (SEE)

4.1 - INTRODUÇÃO

Pretendemos efectuar uma análise em torno do "sistema tarifário do *SEE*", das suas vicissitudes no mercado (como a influência da política de crédito, défices na balança de pagamentos, inflação, entre outras), para procurar a melhor forma de estruturarmos os elementos necessários para a elaboração de uma política tarifária do sector, a que nós denominamos "elementos necessários para o planeamento do *SEE*".

Reconhecendo a dinâmica e a complexidade que o presente capítulo apresenta, para melhor nos situarmos no respectivo tema, repartimo-lo em duas partes, como se segue:

-   1º parte, secção 4.2 à 4.4
-   2º parte, secção 4.5 à 4.6

A formulação do sistema tarifário do SEE é bastante complexo devido aos numerosos factores que concorrem para sua determinação, como: a posição monopolista do sector, o conjunto do sistema da rede eléctrica, as condições de exploração, a tensão, a potência e a carga necessárias para o fornecimento da energia eléctrica, obviamente consubstanciado no número de consumidores.

Estes, constituem os parâmetros básicos sobre os quais assenta a política de preços e a modulação dos níveis de consumo, de modo que todos os consumidores que se encontrem nas mesmas condições técnicas paguem o mesmo preço pelo consumo efectivo.

É a partir destes factores enunciados que passaremos a analisar a formação e estruturação do quadro tarifário do sector eléctrico, consubstanciado nas diferentes categorias de consumidores baseando-nos nas teorias para o apuramento de preços, tais como: o preço médio e o preço marginal, a curto, médio e longo prazo.

Com o resultado do presente estudo, as autoridades reguladoras do sistema, constituirão um cenário que permitirá seleccionar a melhor alternativa face ao objectivo central da política tarifária do sector e a sua especificidade respeitante à regulamentação pelo Estado ou pela lei de mercado.

4.2 - PRINCÍPIOS BÁSICOS PARA A ELABORAÇÃO DE UMA POLÍTICA TARIFÁRIA

Um dos princípios básicos para a elaboração de uma política tarifária do SEE é o custo marginal e, tendo em conta, especialmente, todo o quadro das tarifas a cobrar que devem reflectir os custos inerentes à remuneração dos capitais aplicados nos investimentos e à exploração dos três subextractos do sistema eléctrico (produção, transporte e consumo). Só assim as receitas serão efectivamente suficientes para cobrir os custos da actividade do sector, tais como: gastos efectivos em activos fixos e capital operacional.

A primeira etapa para o estabelecimento das tarifas de energia eléctrica, consiste na definição dos critérios de investimento a empregar na a determinação da viabilidade do projecto de investimento.

Conforme Pareto, a avaliação e análise de um projecto de investimento deverá ser feito do ponto de vista privado e social, e face ao objectivo preconizado para a implementação do projecto, dever-se-á tomar a decisão de investir, obviamente tendo em conta a conciliação do objectivo com os resultados da análise.

Tradicionalmente, em termos de investimento, a equação financeira realizada, quando se toma a decisão de investir, deve-se orientar por um simples critério de avaliação do projecto, a taxa interna de retorno (*TIR*) do projecto para a qual a decisão de investir é aconselhada. Esta definição satisfaz parcialmente as condições privadas (financeiras) pelas as quais se avalia o projecto.

Porém, baseado no princípio das finanças públicas sobre o qual o *SEE* se apoia, nomeadamente o princípio da equidade, em que todo o cidadão perante os serviços públicos deve pagar o mesmo, será o pressuposto da aplicabilidade de uma tarifa única baseada nos custos médios. Este sistema é aparentemente óptimo na medida que atende a programação das receitas para cobertura dos custos futuros advindo de numerosos factores, (como por exemplo, o nível de tensão, potência e a carga necessárias para o fornecimento de energia eléctrica). Pelo facto, o sistema de apuramento de custos médios, de modo a obter uma tarifa única é o menos aconselhado em termos de energia eléctrica dada a sua especificidade, embora alguns países e organizações internacionais a pratiquem[72]

Todavia, em condições ideais, as hipóteses relativas ao apuramento do preço de energia são as de atrair capitais para o investimento. Por este facto, dever-se-á ter no compto total do seu cálculo, os custos de aprovisionamento do sector durante a durabilidade do empreendimento (ou seja o tempo de vida útil do empreendimento) de forma a que empresa, numa primeira fase possa atrair capitais para o seu investimento e arranque e posteriormente, autofinanciar-se.

Esta hipótese só é possível mediante o apuramento dos custos a partir do modelo dos custos marginais a longo prazo, compreendido pelos custos inerentes ao aprovisionamento e asseguramento do investimento final (transporte e distribuição).

É partindo deste princípio que, em economia, quando se trata de rendimento de viabilidade social de um projecto (como é o caso do

---

[72]   Exemplo: a República de Marrocos na programação do sistema tarifário junto dos programas de electrificação rural, *in* UNESCO – "Energie et societé" - Unesco- Paris 1995- pp 428/429 bem como o BM Isto deve-se ao facto da elaboração inicial do preço de energia em que o interesse maior é o apuramento do preço médio do kwh de energia vendida, já que é o factor que determina a solvência financeira da empresa, quer isto dizer, a sua capacidade para cobrir os gastos operacionais e o serviço da dívida, entre outros. Uma vez que a modulação do tarifário afecta de várias formas a exploração da empresa ou a economia nacional, cabe aos governos nacionais ou organismos reitores do sector decidirem a melhor forma de modulação da estrutura tarifária (vide secção 4.3.1)

SEE), se fixa o preço igual ao dos custos marginais, desde que seja menor ou igual aos custos sociais da realização do empreendimento. Donde se prossegue e se toma a decisão de investir.

Se os custos totais avaliados *ex-ante* superarem os benefícios totais desde o ponto de vista social não se investe no sector, ou procura-se uma alternativa de modo a viabilizar o empreendimento[73].

Esta situação dá-nos uma indicação da importância do sistema tarifário desde o ponto de vista da tomada de decisão em investir ou não e, por conseguinte, da incitação ao seu financiamento[74]

"Por outras palavras, este preço é a referência do benefício que deriva do custo da última unidade produzida. Então, numa curva da demanda representada por combinações de preços e quantidades, podemos verificar que a última unidade consumida, o consumidor está disposto a pagar e, por conseguinte, possui rendimentos para pagar um determinado preço. Este preço reflectirá exactamente o benefício marginal que deriva do consumo deste bem"[75]. O sistema de custos marginais a longo prazo (*CMLP*), assenta no princípio de que alguns consumidores paguem um preço que corresponda ao custo realmente suportado pela colectividade (*SEE* na realidade) do efeito sobre o mercado, aspecto a desenvolver no capítulo seguinte.

Segundo P. Samuelson, o custo marginal desempenha um papel fundamental na repartição dos recursos da forma mais eficiente em qualquer sociedade. Logo, o suporte de um sistema tarifário diferenciado, assenta nas despesas que a empresa pública de electricidade incorre e, através dela, a colectividade suporta para atender à demanda.

Deste modo, todos os consumidores são postos nas mesmas condições de pagamento de um preço idêntico, o que é compatível com um dos princípios do direito administrativo: a igualdade de todos os consumidores perante os serviços públicos. Assim, há

---

[73]   Ver John A. King Jr- (caso Gahna)- La evaluacion de projecto de desarrollo economico- Editores Tecnos- Madrid- 1970- pp 141 à 171

[74]   Este foi um dos argumentos fortes utilizado pela missão PNUD/BM et - 1989 junto do governo angolano com vista ao prosseguimento do projecto Capanda.

[75]   "Seminário sobre La tarificacion a costo marginal en el sector eléctrico Argentino - 1993- p 2

uma convergência entre o interesse colectivo e o empresarial. Mas o respeito escrupuloso desse princípio não é, todavia, possível nem mesmo sustentado.

A política tarifária não é feita somente com base dos resultados de cálculo (como os modelos Rvmac, Dipole, Prele, Revemac entre outros)[76] está sobretudo, também, dependente da correlação de forças da conjuntura económica e financeira(veja indicadores estruturais e conjunturais).

Todavia, o importante é ter a consciência de que o preço de energia eléctrica não é totalmente imposto do exterior, porquanto existe uma certa margem de manobra que subsiste entre o custo do aprovisionamento e o preço a pagar pelo consumidor, o que implica que o preço não pode acompanhar os custos, isto a nível nacional como internacional (regional) Daí, dizer-se que não há preço internacional de energia eléctrica.

4.2.1 – A MODULAÇÃO DAS TARIFAS A CUSTO MARGINAL

A modulação ou estabelecimento das tarifas a partir dos custos marginais face aos prazos estabelecidos, é influênciado pelos seguintes factores:

1º- Tarifas a custos marginais a curto prazo *(TCMCP)*, que são estabelecidos em função da procura e da oferta ou seja em função da lei do mercado;
2º- Tarifas a custos marginais a médio prazo *(TCMMP),* é a estrutura do mercado que determina ou influencia a evolução da tarifa (estrutura monopolista do *SEE*),
3º- Tarifas a custos marginais a longo prazo *(TCMLP)*; são as condições do custo que orientam as tarifas.

Todavia, dada a existência de correlação de forças entre os prazos para o apuramento do custo marginal, de modo a elaborar o sistema tarifário do sector face aos avultados gastos empregues

---

76   BAD- Rapport provisoire- volume 3- "Plan directeur de developpement du systeme prodution et tranport de Angola HT"- 1986- p 3.3

nos investimentos, e o tempo de vida útil dos mesmos (oscilam por norma entre os 15 à 50 anos), as amortizações dos capitais só serão viáveis mediante a primazia do apuramento dos custos marginais a longo prazo, para que o peso do exercício da actividade não interfira fortemente na sociedade, na medida em que ela será o garante da estabilidade do sector eléctrico, em particular, bem como, em geral, do próprio sistema financeiro do país.

É com base neste princípio que as economias devidamente estruturadas, bem como as instituições internacionais, como é o caso do Banco Mundial (*BM*), efectuam e aconselham os países a modular as tarifas com base do cálculo dos "custos marginais a longo prazo" (vide secção 4.4)

4.2.2 – A PROBLEMÁTICA DA REGULAMENTAÇÃO

Com efeito, em função dos resultados que as empresas do sector foram tendo a nível internacional, isto é, a partir da 2ª Guerra Mundial, face à forte intervenção regulamentadora do estado no sector, hoje em dia, a questão que se tem levantado é efectivamente entre a permanência da regulação do estado no sector ou regulação do mesmo com base na lei da oferta e procura (lei do mercado).

A resposta da questão colocada é dado na análise do apuramento das tarifas a partir dos custos marginais.

Porém, dada a especificidade do sector e a própria função social do estado moderno não é aconselhável a desregulação total do sector, ou seja, desregulação sim, mas moderada. Portanto, perante um sector onde tem de existir alguma regulação, é fundamental encontrar um equilíbrio adequado entre a regulação e a concorrência, a procura de um novo equilíbrio, isto é, a definição de uma nova regulação adequada à nova realidade do sector torna-se absolutamente necessária.

Deste modo, é imperioso referir algumas das características que devem revestir qualquer tipo de regulação que vise um funcionamento eficiente da economia:

Em primeiro lugar, decorrendo até das razões para a sua existência, a regulação deve estabelecer regras que impeçam eventuais abusos da posição monopolista do sector, preços injustificadamente elevados bem como o aumento destes a qualquer momento e a discriminação de clientes, são aspectos a ter em atenção;

Em segundo lugar, a regulação não deve introduzir distorções nas decisões de negócio. É certo que é muito difícil estabelecer o que se entende por distorção, dado que qualquer regulação influencia as decisões de negócio e seria necessário comparar a solução regulada com uma situação considerada eficiente (que não seria necessariamente a resultante de uma regulação). No entanto, é possível analisar os diversos tipos de regulação e identificar potenciais fontes de distorção;

Em terceiro lugar, os custos de regulação deverão ser mínimos. Isto é, introduzir uma regulação pesada, que envolva muitas pessoas e exija muita informação, deve ser evitada;

Finalmente, um sistema regulamentado deve ser tal que simule um funcionamento do sector num ambiente competitivo[77].

Em suma, o objectivo central da política tarifária do sector eléctrico, visa essencialmente o cumprimento dos seguintes requisitos:

1º- a tarifa deve ser um instrumento da política energética;
2º- a política tarifária não pode estar dissociada da política financeira e das demais políticas económicas;
3º- A tarifa deve transmitir um sinal de uso de racionalização do bem (exemplo, a *TCMCP);*
4º- O nível da tarifa nacional não seria duravelmente desconhecido do nível de tarifa internacional, do papel do estado de amortizar os choques observados sob o cenário internacional.

Keynes, ao defender a intervenção do estado para regular o mercado, estava a partir da ideia que este não deve ser deixado entregue a si mesmo. Logo o planeamento vem ao encontro de tal preocupação, podendo surgir diferentes tipos de planeamento consoante o maior ou menor grau de intervenção em relação ao mercado.[78]

Para o cumprimento dos requisitos descriminados, há necessidade do estabelecimento do circuito de informação no seio do sector, de modo a que ele funcione como a pedra de toque de toda a política

---

[77] Vários autores- Revista EDP- número especial- Julho 1994- pp 113/114

[78] Moura João- "Planeamento do desenvolvimento"- CICT- Lisboa- 1997

do sector e, obviamente, como pressuposto do objecto de estudo "o impacto do planeamento do *SEE*" e concomitantemente das políticas macroeconómicas do país, factor determinante para a regulação do processo de integração regional dos povos na etapa contemporânea.

4.3 – ANÁLISE DO SISTEMA TARIFÁRIO ANGOLANO

A presente secção centrará na análise do sistema tarifário angolano, nomeadamente no estudo do conjunto dos preços e regras que regem o fornecimento de energia eléctrica utilizado pelo SEE, da facturação à cobrança ao consumidor final.

Fazendo jus à secção anterior, a política tarifária terá como pedra de toque para a sua execução o apuramento dos custos marginais do sistema de produção, transporte e distribuição de energia eléctrica final (custos fixos e variáveis) de modo a que, as autoridades reguladoras do sistema tarifário, não interfiram negativamente sobre o sistema financeiro do sector em particular e, em geral, do sistema financeiro nacional, devido ao peso que o sector exerce na economia.

Por último, faremos breves considerações[79] sobre a metodologia utilizada no sistema de produção Norte,[80] bem como, algumas medidas convencionais para o ajustamento do sistema tarifário.

4.3.1 – AS PRINCIPAIS CAUSAS DO ESTRANGULAMENTO DO SISTEMA TARIFÁRIO ANGOLANO

Uma das principais causas do estrangulamento do sector eléctrico angolano é dado pela forte intervenção do estado na fixação das tarifas, com os seguintes objectivos:

---

[79] BAD- Repport provisoire- volume 3- considerações em torno do modelo utilizado pelo Banco Africano de Desenvolvimento (*BAD* plano directeur de developpemente du systeme production transport HT- BAD- 1986-pp 5.4/ 5.5.

[80] PNUD/BM et -Angola:Problemas e Opções no Sector Eléctrico - PNUD-relatório nº7408-ANG- 1989-p82

1º- Proteger certas categorias de consumidor por razões económicas[81] ou por razões políticas[82].

Esta posição, independentemente dos contratos fixados a longo prazo, vem de encontro ao argumento de vários personalidades e instituições que se dedicam a questões de energia eléctrica, em que grande parte do valor acrescentado bruto *(VAB)* da indústria angolana é assegurada pelo *SEE*, o que demonstra de certa maneira a falta de competitividade das empresas angolanas no mercado internacional.

2º- Para superar as dificuldades de informação e da penúria do pessoal técnico.

Este é sem dúvida nenhuma, o principal motivo do estrangulamento do sector, na medida em que o Estado (as autoridades reguladoras do sistema tarifário) fixam as tarifas sem conhecer

---

[81] A justificação económica de tarifas diferenciadas para as distintas categorias ou sectores de consumo, baseia-se, antes de mais nos custos envolvidos no fornecimento de electricidade, na medida em que não são os mesmos para as diferentes categorias de consumidores. Por exemplo, o abastecimento de uma zona rural tem maiores custos em relação às zonas urbanas, e os custos dos consumidores domésticos são sempre maiores que os custos de uma indústria siderúrgica, química, cimento, cerâmica e vidro. Para o primeiro caso, deve-se fundamentalmente a dispersão das habitações, o que implica maiores volumes de investimentos em linhas de transportes entre outros equipamentos, para uma população diminuta, enquanto que as populações urbanas encontram-se mais concentradas o que implicará menores volumes de investimentos. Relativamente ao segundo caso, as empresas industriais descriminadas consomem grandes quantidades de energia eléctrica e o seu factor de carga é quase sempre 100%, de modo que as empresas eléctricas só têm gastos com transportes e não gastos de distribuição nem capacidade inactiva o que implica menores perdas. Enquanto que com os consumidores domésticos a situação é inversa, o que implicará maiores gastos. Enfim, a principal justificação económica da estrutura tarifária por tipo de sector de consumidor, radica na disposição dos custos dos equipamentos envolventes no transportes e distribuição bem como das eventuais perdas verificadas no sistema.

[82] AIE- Effet sur l'environnemt de la prodution de electricité OCDE- Paris- 1985

efectivamente a estrutura dos custos do sector e normalmente face a determinados condicionalismos da política financeira e económica não representam a ínfima parte dos custos de investimento e exploração. Logo, perante o síndroma crónico do sector eléctrico "baixo nível de tarifas e baixa cotação de depreciação "amortizações" face à indisponibilidade de dados (cf secção 4.5) e da própria política adoptada para o apuramento dos custos do sector, a médio e longo prazo entra em colapso.

Exemplo; "o sistema Norte, cujos custos para determinação do sistema tarifário são efectuados a partir da capacidade de produção e transporte necessário para satisfazer a potência máxima" (cf PNUD/ BM/89). Por outra palavras os estudos são efectuados apenas com base nos "custos de exploração".

Esta modalidade, tendo em conta o apuramento efectivo dos custos de exploração, face à dificuldade do planeamento e controlo dos custos, como por exemplo o abastecimento técnico material (ATM), para a exploração e a manutenção sistemática do sector eléctrico angolano e, particularmente, a partir da primeira metade da década de 90, quando se começam a dar os primeiros passos no processo de estabilização económica, face às constantes desvalorizações programadas pelo governo angolano assessorado pelo Fundo Monetário Internacional (FMI), a situação já insustentável do sector, toma proporções alarmantes face à ineficiência da gestão do sector (microeconómica) bem como das políticas económicas em geral (macroeconómica). Como exemplo, temos a política do ATM, fundamentalmente para os centros de geração térmica, por serem de origem externa gravitarão toda a ineficiência da gestão apontadas.

Perante o respectivo cenário e uma vez que só os encargos com o pessoal representava uma proporção ainda maior relativamente as vendas (Cf PNUD/BM/89), a existência do sector, só foi possível graças ao subsídio do Orçamento Geral do Estado (*OGE*), desviando, deste modo, fundos necessários para os sectores efectivamente improdutivos mas primordiais para o desenvolvimento e crescimento económico do país, como é o caso da educação e da saúde.

Como resultado da presente situação, o Estado foi agravando as suas contas públicas de ano para ano, pondo deste modo em cheque o "Banco Central, na medida em que o mesmo teria que compensar os desvios verificados nos anos anteriores"[83](cobertura do défice do SEE) nomeadamente devido à cobertura dos custos de investimento dos salários e de exploração. Em suma, todos os custos envolventes para a produção, transporte e distribuição de electricidade.

Deste modo, em conformidade com a situação financeira do país, arrastado em certa medida pelos maus resultados do sector eléctrico, o Estado através do despacho n.º 126/91 de 30/12/91, procede a uma viragem no sistema tarifário[84] (Cf quadro nº16) na medida em que as tarifas em vigor estavam caducadas no tempo e no espaço. Isto é, após um período de cerca de 30 anos e a uma variedade de custos de produção face ao tipo de geração (hídrica e térmica) entre outros, que reflectiram no défice do sector.

TARIFAS DE ENERGIA ELÉCTRICA DE ANGOLA

QUADRO N.º 16   UM: NKZ

N.	DESCRIÇÃO	ANO									
		1985	1986	1987	1988	1989	1990	1991	1992	1993	1994
1	AT/MT	1.57	1.57	1.57	1.57	1.57	1.57	5.5	5.5	5.5	5.5
2	BT	4.77	4.77	4.77	4.77	4.77	4.77	16.5	16.5	16.5	16.5
3	IP	1.37	1.37	1.37	1.37	1.37	1.37	7.0	7.0	7.0	7.0

FONTE:BM/92

Estas tarifas representam um aumento médio, de 358% para alta e média tensão (AT/MT), 450%, para baixa tensão (BT) em Luanda e 367%, para a iluminação pública (IP) em relação aos níveis existente em Outubro de 1991. Os aumentos foram calculados tendo em vista a eliminação dos défices operacionais consolidados, exclusivamente as despesas do sector como um todo, mas o impacto varia em função dos sistemas do sector.

O sistema norte que se dedica ao fornecimento de energia hidroeléctrica poderá gerar excedentes relativamente substanciais, enquanto que os demais sistemas, que se dedicam à produção de

---

[83]   Ficher S.- "Finanças e desenvolvimento"- Dezembro de 1996

[84]   WB-"Staff Appraisal Report Power People's Republic of Angola Power Sector Rehabilitation Project 1992- p 7

energia térmica, poderão gerar prejuízos face aos custos envolventes da actividade (exemplo o Sistema Centro).

Não obstante as mudanças efectuadas em 1991 e programadas para os restantes períodos, pensamos que a mesma não tem o significado desejável do ponto de vista económico, por dois motivos fundamentais:

- De um lado, porque as mesmas foram aplicadas administrativamente sem ter em conta os princípios técnicos e económicos enunciados (na secção 4.2.1).
- Por outro lado, dada a existência de quatro sistemas eléctricos em Angola independente e distintos, tanto do ponto de vista da principal fonte de geração (hídrica) como da localização geográfica face ao ordenamento populacional. Todavia, a situação vem deteriorando-se, na medida em que a inflação (uma vez que as mudanças no sistema tarifário não são acompanhadas com outras medidas colaterais da política macroeconómica) anula o já débil sistema tarifário.

4.3.1.1- PRINCIPAIS MEDIDAS ADOPTADAS PELO GOVERNO ANGOLANO E ORGANIZAÇÕES DE COOPERAÇÃO INTERNACIONAL FACE A CADUCIDADE E DESESTRUTURAÇÃO DO SISTEMA TARIFÁRIO ANGOLANO

Face à caducidade do sistema tarifário e à própria inexistência de uma linha orientadora para a elaboração do mesmo, várias medidas e apoios foram dados ao sector no sentido de contornar a situação, tanto a nível do Estado angolano como de várias organizações internacionais:

- Em 21/02/92, a Secretária de Estado de Energia e Águas (SEEA) e o Ministério das Finanças (MINF), criaram uma comissão conjunta destinada a definir um modelo para o ajustamento automático das tarifas eléctricas os quais deveriam ser "indexadas" às mudanças do preço do petróleo, da taxa de câmbio e dos salários. Por outro lado, o governo aceitou o princípio de que as tarifas deveriam ser mantidas a um nível que eliminasse as necessidades de subsídios estatais aos custos de exploração e amortizações do sector. Neste propósito, uma cláusula específica foi incluída no acordo de crédito, a qual também requer uma revisão anual das tarifas com o Banco Nacional de Angola *(BNA)*.

No âmbito da política de cooperação internacional, o Ministério da Cooperação e Desenvolvimento Francês, financiou um estudo detalhado para execução das tarifas através da Electricidade de França Internacional (EDFI), a partir dos seguintes critérios:

1º- Estabelecimento de projecções da demanda;
2º- Um plano de custo mínimo (óptimo), dos custos marginais de fornecimento de longo prazo dos diferentes sistemas eléctricos;
3º- Projecções orçamentais (de investimento e exploração, etc.) para cada sistema.

Enfim, os resultados deste estudo, que deverá incluir recomendações especificas sobre os níveis de estrutura das tarifas, segundo programa revisto pelo BM antes de 31/12/93 de modo a ser implementado no primeiro semestre de 1994 (...).

4.4- FACTORES QUE DETERMINAM OS CUSTOS DO SEE.

Os factores que determinam os custos do SEE, são os elementos necessários para a correcção das oscilações dos preços.

A primeira fórmula para correcção das oscilações dos preços foi adoptada pelos Estados Unidos de América com a "cláusula dos combustíveis"; este método visa indexar as tarifas aos preços dos combustíveis, ou seja, em caso de subida dos preços do combustível, as tarifas sobem automaticamente sem ser necessário a autorização da comissão nacional de preços.

Posteriormente, vários países da América Latina adoptaram este princípio de forma a reajustar as tarifas[85].

---

[85] Exemplo do Brasil, face à situação inflacionária em 1957, autorizou a cláusula dos combustíveis e consequentemente propós um plano cuidadosamente

Com efeito, a depreciação, como havíamos referenciado, é um dos factores primordiais do custo do sector eléctrico, devido à quantidade elevada do capital investido. Todavia, o emperro do sector é dado pela compreensão limitada da depreciação (*vide* Samuelson/81).

Deste modo, identificada a principal causa do estrangulamento do sector, a atenção do organismo reitor deverá ser dada na contabilização e reajustamento das infra-estruturas do sector face ao processo inflacionário e, posteriormente, estimar a respectiva taxa de depreciação. Este princípio será a condição *sine qua non* para a elaboração de uma política tarifária eficaz e, só posteriormente, poderemos falar nos mecanismos automáticos de ajustamento de preços.

Alías, o objectivo da comissão conjunta do SEEA e MINF, formada em 21/02/92, era definir um modelo para o ajustamento automático das tarifas eléctricas o qual deverá estar indexado às mudanças do preço do petróleo, da taxa de câmbio e dos salários, com o intuito de eliminar os subsídios operacionais do sector e, obviamente, do défice público.

Apesar da comissão concluir o estudo e o governo aprovar que as tarifas deveriam basear-se no custo marginal do seu fornecimento a longo prazo, de modo a eliminar o déficit do sector, o estudo só teve repercussão teórica a partir do momento em que a EDFI tomou a responsabilidade da análise do mesmo, a partir da programação dos três critérios que visam o apuramento dos custos.

Assim sendo, o aumento das tarifas em cerca de 150% em Junho 1992, segundo a cláusula do ajustamento automático adoptada pela comissão conjunta (SEEA e MINF), não teve a repercussão desejada

---

estudado para reajustar os três factores de custos do sector eléctrico e dos serviços públicos em geral:

1º - Alteração dos custos do combustível ou da energia comprada segundo o caso;

2º - Aumento obrigatório dos salários e benefícios de provisão social;

3º - Alteração de pagamentos das taxas de juros ou amortizações de empréstimos, quando for necessário adquirir divisas do Banco de Desenvolvimento. Citado em Cavers D – Nelson Jr – "Ordenamento de la energia eléctrica em América Latina" - Emece – Buenos Aires 1963.

porquanto, a base de cálculo (o custo de aprovisionamento e de exploração) não estava consolidada.

Deste modo, todos os apoios prestados ao sector eléctrico angolano pelas instituições internacionais no intuito de melhorar a situação financeira do sector, como é o caso do Banco Africano de Desenvolvimento (BAD) e da Caixa de Cooperação Económica da França (CCEF) em providenciar financiamento para as operações comerciais da Empresa de Distribuição de Electricidade de Luanda (EDEL) assim como para Empresa Nacional de Electricidade (ENE), não terão resultados eficazes sem que antes se faça o o estudo e o acompanhamento das causas apontadas e, fundamentalmente, a partir dos resultados do estudo da EDFI, de modo a evitar desperdícios de divisas e o agravamento da balança de pagamentos.

Partindo da reflexão das disposições transcritas, pensamos que a cooperação bilateral e multilateral de Angola com os diversos países e organizações internacionais, como por exemplo a União Europeia[86] e o Comité de Ajuda para o Desenvolvimento (*CAD*) da Organização para a Cooperação e Desenvolvimento Económico (*OCDE*),[87] no *SEE* devem centrar-se nos seguintes domínios:

- organização da gestão;
- assistência técnica;
- elaboração do sistema tarifário;
- coordenação dos planos de investimento.

4.5 – ELEMENTOS BÁSICOS PARA O PLANEAMENTO VERSUS POLÍTICA TARIFÁRIA DO SECTOR

Posto as condições gerais em torno do objecto de estudo na secção procedente (1º parte do capítulo IV) passaremos a descriminar os

---

[86]   Vide Convenção de Lomé IV (1995)- titulo VII

[87]   Lumu Ntumba: "La communaute economique européenne et integration regionales des pays en developpement" - Bruxelles - Etabilissements Emile Bruylant - 1990 pp 26 à 29

elementos que constituem a pedra de toque de toda a política do sector, a partir dos quadros n.º 17º à 28º em anexos-II.

É importante realçar que nos referidos quadros, apresentamos apenas os custos e receitas (operacionais) directamente ligados com o objecto da actividade do sector, pelo que os restantes custos e receitas indirectas não descriminados poderão ser consultados na Metodologia para recolha de dados da ENE/94.

4.6 – TAREFAS PARTICULARES E DIVISÃO DE RESPONSABILIDADE NO SECTOR DE ENERGIA ELÉCTRICA

Posteriormente, passaremos a indicar medidas pertinentes e eficazes (cf quadro n.º 29 em anexo-II) para a divisão de responsabilidade do sector, de modo a se atingir os objectivos preconizados.

Em síntese, a partir destes elementos, pensamos que Angola estará em condições de programar as políticas do SEE, em toda a sua dimensão, tanto no tempo como no espaço.

Em suma, procuramos estabelecer bases sólidas para que as estruturas do SEE angolano cumpram os três grandes temas que constituem, hoje em dia, os pilares da política energética: segurança de abastecimento, competitividade e conservação do meio ambiente. Todavia, há necessidade do engajamento de todas as entidades envolvidas, a partir da dinâmica da política macroeconómica (vide capítulo V), através da política tarifária *versus* planeamento do SEE, de modo a criar as condições básicas para a prossecução dos objectivos a curto e médio prazos a estabilização e liberalização económica, a longo prazo a consolidação da liberalização económica e financeira através da coordenação e estabelecimento de mecanismos eficazes para o processo de integração.

Todo este quadro permite, num futuro próximo, face ao progresso da tecnologia energética, exercer um impacto importante no aprovisionamento e na utilização, uma vez que é essencial para a redução dos custos de produção e, consequentemente, para a competitividade da indústria (Cf regulamento dos investimentos públicos, decreto n°.11/95 de 5 de Maio, publicado no Diário da República de Angola).

Por último, o SEE angolano constitui, sem dúvida nenhuma, a pedra de toque para o processo de integração na região austral de África, pelo peso que exerce na economia. De modo a que seja efectivamente o veículo integrador, através das políticas apontadas; a gestão do sector tornar-se-á mais racional e eficiente; condição para o melhoramento da competitividade da economia angolana na arena regional.

CAPÍTULO V

A INFLUÊNCIA DO SISTEMA TARIFÁRIO DO SEE ANGOLANO SOBRE A POLÍTICA MACROECONÓMICA

5.1 – CONSIDERAÇÕES GERAIS

O objectivo do sistema tarifário do SEE é o equilíbrio económico e o financeiro do sector e a utilização racional dos recursos (eficiência económica), enquanto que a "política macroeconómica compreende o estudo dos objectivos que respeitam o funcionamento da economia como um todo, especialmente o pleno emprego, a estabilidade do nível de preços, o crescimento económico, a redução dos desequilíbrios regionais e da balança de pagamentos"[88].

Com efeito, sendo o sector eléctrico um elemento dinâmico na prossecução do desenvolvimento e do crescimento económico da sociedade moderna, os objectivos da política macro-económica, como acabámos de constatar, incidirão proporcionalmente em simultâneo sobre o sector eléctrico e junto dos restantes subsistemas da sociedade, de modo a que a actividade do sector eléctrico, dada, a sua importância no contexto económico e social, refletir-se-á sobre os principais componentes do objecto de estudo da política macroeconómica.

Assim, partindo das premissas previamente estabelecidas e tendo como elemento central para o desenvolvimento do presente capítulo a estabilização do nível de tarifas, decidimos efectuar uma análise em torno da influência do sistema tarifário do SEE angolano sobre

---

[88]   Anibal Silva / João Neves. – "Finanças públicas e política macroeconómica" - Universidade Nova de Lisboa – Lisboa, 1992 p 199

a política macroeconómica e *vice versa*, com base nos programas de ajustamento estrutural (PAE).

É sobejamente conhecido que a política tarifária do SEE não se faz apenas baseada nos resultados de cálculo; está sobretudo dependente da correlação de forças da conjuntura económica da sociedade em que se encontra inserido o referido sector.

Da correlação de forças dos diferentes instrumentos da política macroeconómica (taxa de juro, taxa de câmbios, e impostos entre outros) face à instabilidade que o sistema tarifário possa acarretar à sociedade, nomeadamente a partir da análise de alguns rácios, como: consumo de energia final/PIB, investimento/PIB_{pc}, salários/facturação e facturação/investimento, podemos tirar ilação acerca do equilíbrio económico e financeiro do SEE, bem como do referido país no qual está inserido o respectivo sector.

Deste modo, a falta de pressão em relação ao carácter dos custos de electricidade como acabámos de constatar nos capítulos precedentes, é razão fundamental para que o governo angolano financia o SEE.

Por outro lado, para manter o sector contra a vicissitude do mercado face ao estado de (des.) organização do sector, reflecte-se a insuficiência de dois factores determinantes no estrangulamento das sociedades:

- falta de mão-de-obra qualificada;
- incongruência no delineamento das políticas (ex. SEE);

A última questão é corroborada pelo Banco Mundial, no seu relatório sobre investigação de políticas[89] acerca do qual em seu devido tempo nos debruçaremos, bem como pela economista Fátima Roque ao afirmar que "a economia angolana não requer um mero ajustamento estrutural, mas antes a transformação integral do sistema e das estruturas exigidas pela necessidade vital de eliminar progressivamente a pobreza e criar as condições para um desenvolvimento sustentado(…)"[90].

---

[89]   BM – "Ajustamento em África" -BM- 1994

[90]   Fátima Roque – "Construir o futuro em Angola" CELTA- Oeiras - 1997

Porém, é óbvio que, se os preços forem fixados administrativamente como acontece em Angola e mesmo em alguns países desenvolvidos, deixarão de exercer as principais funções que lhes são inerentes numa economia de mercado, pelo seguinte: os preços livremente fixados pela lei do mercado são instrumento do racionamento e distributivos da economia.

Donde, considerando importante tais funções numa economia, uma vez que os preços forem fixados arbitrariamente, redundam num atraso em relação à inflação.

No caso concreto de Angola, independentemente do regime político em vigor, tais medidas (tarifas fixados administrativamente sem ter em conta a componente de custos), visam atingir os seguintes dois objectivos concretos; como se segue:

1- Atenuar o esforço de guerra, transferindo a mais valia ou melhor o valor acrescentado bruto do SEE para outros sectores da economia (arrastando deste modo outros sectores na deformação dos preços);

2- Funcionar como um elemento para controlo da inflação (repressão financeira).

A curto prazo, toda essa política proteccionista estava de acordo com os princípios democráticos, uma vez que ao considerarmos a inflação mais do que a depressão, o perigo económico claro e presente do nosso tempo. Um perigo que é potencialmente mais destruidor dos valores e benefícios da vida democrática[91].

Efectivamente, a curto prazo, estas medidas proteccionistas (subsídios governamentais ao SEE) podem beneficiar a comunidade. Mas, chegará o tempo em que deixarão de ser financeiramente sustentáveis tais subsídios; o que resultará numa séria inflação que prejudicará a maior parte da população e dará origem a sérios problemas sociais.

Assim, entende-se que a energia eléctrica deve ser fornecida a preços reais de mercados(a partir do apuramento dos CMLP) e de que

---

[91]   Galbraith J. – "Uma teoria do controlo dos preços" - Dom Quixote - Lisboa -1982 p 30

os subsídios devem ser canalizados para outros sectores da actividade primordiais para o desenvolvimento da sociedade, como a saúde e a educação.

Com efeito, é partindo desta análise que nós verificamos que muitos países (nomeadamente Angola) para satisfazerem os requisitos do desenvolvimento e crescimento económico e social, terão que modificar as suas estruturas económicas e sociais[92].

5.2.- BREVES CONSIDERAÇÕES DOS PRINCIPAIS RÁCIOS DO *SEE*

Por indisponibilidade de dados, não nos é possível efectuar uma análise em torno dos respectivos rácios, pelo que nos limitamos a efectuar breves comentários em torno dos mesmos.

1- Consumo de energia final/PIB a preços constantes, é igual intensidade energética, é um indicador de desenvolvimento na medida que ele serve para medir a contribuição do SEE no PIB num determinado período;
2- Salário/facturação, é um rácio importante que tem várias utilidades, tais como barómetro do crescimento dos salários em relação ao nível de crescimento das tarifas; bem como indicador comparativo com o nível de inflação. Portanto é um dos indicadores a ter em conta nos períodos de aplicação dos PAE/ Sectorial.
3- Investimento do SEE/PIB, dá-nos a participação dos investimentos do sector ou a sua quota parte no PIB.
4– Investimento/Balança de Pagamentos, indica a quota parte da participação do SEE na dívida externa.

Em suma, todos os rácios referidos servem de indicadores para medição do comportamento do sector a nível nacional e, por

---

[92] Jones P e outros – "Seminário internacional sobre política energética" Progresso democrático SAL – Lisboa, 1982 – p.178

conseguinte, constituem fortes indicadores comparativos do SEE a nível regional.

5.3- OS PROGRAMAS DE AJUSTAMENTO ESTRUTURAL

Este ponto, visa essencialmente identificar as principais medidas a tomar face à instabilidade da política macroeconómica provocada pela desestruturação do sector público (SEE) através da política tarifária e vice versa a partir dos dos Programas de Estabilização Estrutural.

5.3.1- PROGRAMA DE ESTABILIZAÇÃO

A política orçamental afecta a taxa de câmbio real, tanto como a política monetária se repercute sobre a inflação. Por outras palavras, o impacto das políticas podem ser perturbado por choques endógeno ou exógenos (com uma forte deterioração dos termos de troca).

O saneamento da situação global das finanças públicas tem ocupado um papel central dentro dos programas de ajustamento macroeconómico aplicados pela maior parte dos países com problemas de desestruturação.

Deste modo, a essência do desenvolvimento de Angola, dada a instabilidade do sector público (SEE), é nos é dada pelo programa de ajustamento estrutural e sectorial.

Foram os problemas inerentes à estruturação da política macroeconómica (política tarifária) de modo a melhorar as despesas públicas que levaram o governo angolano, ávido de recursos financeiros para saldar a sua dívida externa «a recorrer às instituições de Bretton Woods e adoptar os programas de estabilização conjuntural padronizado do Fundo Monetário Internacional (FMI)[93], assim como os programas de ajustamento estrutural do Banco Mundial e formas a obterem auxílio de emergência para a Balança de Pagamentos e outros

---

[93]   Angola é 152° membro do FMI a partir de 18 de julho de 1989, citado *in* "Mccormicks Sawn (1994) The Angolan Economy Prospects for Growth in a Postwart Environment".

financiamentos externos essenciais»[94] (cf. rubrica 7 do quadro nº2 em anexo I).

Porém, os programas de ajustamentos estrutural (PAE) nos países em via de desenvolvimento (PVD) têm as suas recompensas pois, os países que foram mais longe na execução de boas políticas macro-económicas, tiveram um ressurgimento do crescimento. Todavia, o nível de crescimento *per capita*, mesmo nos países que mais se ajustaram, ainda permanece inferior ao que é necessário para a redução da pobreza[95].

A condição *sine qua non* para garantir o êxito dos PAE e sectorial, nos PVD (nomeadamente Angola) devastados pela enorme pobreza (binómio de fraca ou nula poupança) face à deturpação das políticas macroeconómicas que tiveram o seu ponto culminante em 13/08/82, quando o México anunciou aos seus credores a suspensão do pagamento das suas dívidas até que elas fossem renegociada[96].

Na sequência da conjugação de vários factores, como o segundo choque petrolífero (1979)[97] e, subsequentemente ao desmoronamento do Sistema Monetário Internacional SMI (Kingston /1976)[98], verifica-se um reinício da participação activa dos governantes nas reformas económicas, de modo a aperfeiçoar os mecanismos de gestão do sector público.

Com efeito, a participação do governo deve ser feita a partir da criação de bases para a transparência da gestão, de modo a assegurar a fiabilidade da informação dos sectores da actividade pública (exemplo:

---

[94] Fátima Roque – "Construir o futuro em Angola" - Oeiras - 1997 - p 1.

[95] BM – "O ajustamento em África" -BM- 1994

[96] António Serra.- "Políticas económicas em África" ISEG - Lisboa - 1994 - p 45

[97] obs. - a partir de 1979 os EUA e outros países industrializados utilizaram a política monetária essencialmente para lutar contra a inflação.

[98] A reunião do comité interino do conselho de governo do FMI, em que é introduzido uma segunda emenda aos estatutos do FMI, legalizando a prática existente da flutuação generalizada das moedas sob a forma de um novo regime designado de flutuação controlada (managed fload). Foi a machadada final no sistema de Bretton Woods) - Citado em António Mendonça – "Câmbios, financiamento e riscos" ISEG – Lisboa, 1994

o SEE, vide secção 4.5), no sentido de se eliminar os poderosos grupos de interesses para que não façam descarrilar os PAE[99].

Posteriormente, face à capacidade limitada da *Good Governance* no processo de globalização económica, deverá ser concedido uma alta prioridade às reformas tendentes a minimizar a participação desnecessária do governo no mercado.

Deste modo, criam-se condições para a privatização das empresas públicas e a eliminação do crédito público; uma das principais causas do agravamento do défice da balança de pagamentos.

Porém, é importante realçar que este processo de privatização deveria ser repartido.

- Numa primeira fase, marcada pelo período da implementação e consolidação da estabilização, na qual as empresas estratégicas, fundamentalmente o SEE, não deveriam ser privatizadas por dois factores determinantes:

1°) Devido a problemas da transformação do mecanismo de preços face ao programa de estabilização, partindo do princípio de que o mecanismo de preços empregue na sua transformação é normalmente lento e gradual.

Tratando-se do sector eléctrico, as transformações devem ser acompanhadas com outras políticas macroeconómicas, como a política monetária, cambial, fiscal, entre outras;

2°) Pensamos que o SEE, constitui o principal *"barómetro"* do nivelamento de toda a política macroeconómica do país, o que implicará no caso das entidades governamentais (SEEA, MINF, Banco central) e do próprio organismo reitor do sector eléctrico (ENE), a estruturação e a organização do funcionamento do sector em todas as suas dimensões, dos estudos ao investimentos e à cobrança o que possibilitará ao país consolidar os PAE, rumo ao desenvolvimento e ao crescimento económico e ao processo de integração regional.

A partir destas medidas o governo contribui de certo modo para a minimização da corrupção que distorce o papel do governo e onera

---

[99]   BM – "O ajustamento em África" - 1994

a sociedade (através da dívida pública)[100], utilizando os mecanismos legais adequados.

Todavia, isto só é possível mediante acertos da política macroeconómica, tais como a eliminação das taxas de juros negativas de modo a incentivar a poupança para financiar os investimentos (eliminação do "gap" da poupança e investimento).

Porém, dada a complexidade da formulação de medidas de políticas adicionais para encorajar a poupança (famílias, empresas e estado) face à pressão financeira, dever-se-á programar a sua criação em duas fases:

- A primeira fase (a curto prazo): o objectivo da criação da poupança deve estar virado para o sector público, através da redução das despesas públicas, criando o incentivo à poupança;
- A segunda fase (a médio e a longo prazos):o objectivo deve estar virado para o sector privado, através da eliminação gradual da "repressão financeira" oficial sob forma de *plafonds* artificialmente baixos para as taxas de juros e a intervenção na intermediação financeira através do regime de reservas obrigatórias, dos controlos e subsídios selectivos ao crédito etc, podendo levar também a uma poupança interna sub-optíma, para a qual a solução é a liberalização financeira [101]. A cerca do qual em seu devido tempo nos debruçaremos.

Por outro lado, deve-se evitar as taxas de câmbios sobreavaliadas e manter a inflação e os défices orçamentais a partir da formação eficiente de uma política de preços num dos principais **dinossauros** da dívida pública (SEE), já que o principal instrumento da política de

---

[100]   Tanzi V. – "Corruption governmental activities and markets, IMF Working paper 94/99" citado em finanças e desenvolvimento - Dezembro de 1995

[101]   (Mackinnon e Show, 1973) citado em Chandavarkak – "Aspectos macroeconómicos, fluxos externos e desenvolvimento da poupança interna nos PVD: um relatório sobre aspectos e arte" - ISEG – Lisboa, 1994 p 3

estabilização é a redução do crédito face aos investimentos do sector em causa e a fraca pressão fiscal por parte do tesouro[102].

Como é óbvio, a política de preços (sistema tarifário) está intrinsecamente ligada à inflação, ou seja, os preços correspondem aos objectivos enquanto que a inflação é a meta a atingir. Logo, na prossecução dos objectivos tanto reais como financeiros, dever-se-á ter em conta a inflação, de modo a compensar as eventuais perdas por ela provocadas no sistema económico e financeiro.

5.3.1.1 - EXEMPLO DA POLÍTICA DE ESTABILIZAÇÃO BEM SUCEDIDA NA DÉCADA 80 A PRIMEIRA METADE DA DÉCADA NOVENTA.

Um exemplo de realce da política de estabilização bem sucedida no final da década 80 a primeira metade da década de 90 é o caso dos países da Indochina (Vietname, Laos e Camboja), que saíram de um processo de hiperinflação (inflação com três dígitos) para taxas de inflação de um dígito e consequentemente sustentaram taxas de crescimento média anuais de 6% a 8% do PIB fortalecendo as suas posições externas[103].

Estes países antes de enveredarem pelos programas de estabilização conjunturais, foram marcados por fortes défices

---

[102] Uma das razões do complexo papel da depreciação na regulação das empresas do sector eléctrico e serviços públicos em geral, é que se espera que ela cumpra três funções:

1º) Distribua durante o período de vida estimado do investimento os custos do mesmo,

2º) Meça a perda do valor do investimento, incluindo a base de tarificação,

3º) Mantenha a integridade do investimento no SEE.

Em suma, ela é um agregado económico que servirá, a nível microeconómico para a formação dos preços, bem como a nível macroeconómico para obtenção do PNL (PNB-AMORT=PNL).Por último, é o indicador que serve para medir o comportamento de vários aspectos da actividade económica, financeira e social.

[103] Dodsworth J. – "Finanças e Desenvolvimento" - FMI - Março de 1997

orçamentais sustentados pela ineficiência das seguintes políticas
macroeconómicas:

- política monetária passiva;
- taxas de câmbios fixas e supervalorizadas;
- baixa pressão fiscal;
- preços arbitrariamente fixos administrativamente;
- salários extremamente baixos e não monetarizados, na medida
  em que os pagamentos eram feitos na sua maioria em espécie
  (bens de consumo).

Em suma, face ao desfasamento das duas teóricas económicas que
incidem no desenvolvimento da economia mundial, nomeadamente as
teorias Keynesianas (1940-1970), e as teorias monetaristas (posterior a
década 70), afectaram negativamente nas economias destes povoas.

Deste modo, perante o desfasamento ou insuficiência das políticas
acima descriminadas, o processo da estabilização dos países da
Indochina incidiram sobre as seguintes políticas:

- política monetária activa; (elevação das taxas de juros)
- desvalorização cambial, e adopção de taxas de câmbio flexíveis;
- restrição dos créditos às empresas públicas e contenção dos gastos;
- monetarização dos salários;
- liberalização dos preços.

O início das reformas face às políticas proteccionistas do passado
(repressão financeira), fundamentalmente com a monetarização e
ajustes dos salários, elevaram drasticamente os défices orçamentais.

Em consequência também da insipiência dos sistemas tributários,
as reformas iniciais foram deteriorando as finanças públicas na
medida em que o desempenho financeiro foi negativo, reduzindo as
transferências das empresas públicas para o orçamento geral do estado.

Perante a precistencia do desiquilibrio económico, quer isto dizer
que os mecanismos aplicados para a estabilização, face a abertura
dos mercados, numa primeira fase não funcionou, pelo que houve a
necessidade de se aplicar mecanismos eficazes para a solução da crise.

Por outras palavras, os mecanismos aplicados para a correcção
das perturbações do mercado, deram aso a ampliação do mercado

informal, marcado pelo desfasamento entre as taxas de câmbio do mercado oficial e paralelo.

E em consequência surge o período da dolarização, ficando os países com duas moedas, a moeda interna e o dólar, na qual a moeda interna perde quase a totalidade das funções que lhe são inerentes, utilizadas apenas na maior parte das vezes nas transações do dólar.

Por outras palavras, face aos consideráveis défices da Balança de Pagamentos as moedas destes países tornam-se num mero instrumento especulativo.

Alias, este outros factores contribuiram para o abandono das taxas de câmbio fixas (sistema monetário de Bretton Woods) uma vez que o crescente movimento dos fluxos financeiros conduzem ao abandono do regime de cãmbios fixos, e consequentemente o Estado vai perdendo parte dos seus instrumentos da política macroeconómica[104].

Deste modo a "análise do equilibrio do mercado do mercado de bens é substituido pela análise do equilibrio do mercado de activos, quer dizer a conta de capital (ou seja o saldo da Balança de Pagamentos) substitui a balança comercial (conta corrente); o equilíbrio dos fluxos de bens é substituido por equilibrio de stock de activos, as variáveis financeiras substituem as variaveis reais" Meller P. p 181[105]

5.3.1.2 – A POLÍTICA DO BANCO CENTRAL

Com o fim da existência do mecanismo autómatico da Balança de Pagamentos (fim do sistema padrão ouro), fundamentalmente após a grande crise de 1929, constatou-se que o problema do desiqulibrio

---

[104] A título de exemplo temos a taxa de câmbio: a taxa de câmbio só existe num regime de câmbios fixos. De facto em regime de câmbios flexíveis não ha lugar ao controlo directo das taxas de câmbio pelos responsáveis da política económica, condição necessária para que uma variável seja considerada como instrumento macroeconómico directo já que ela é fixada no livre jogo do mercado, citado em António Serra - Políticas Económicas em África, ISEG,1994.

[105] Revision de los enfoques teoricos sobre ajuste externo (1987) Revista CEPAL n°32/Agosto.

da Balança de Pagamentos como um problema económico, e que era necessário solucionar.

Esta constatação deveu-se aos graves problemas da Balança de Pagamentos que afectaram numerosos PD na década 30, posteriormente agravado pelas sucessivas crises de desiquilibrio externo na década 40 nos PVD.

Em certa medida, as crises da década 40 a 70 foram relativamente sustentadas, na medida que a abertura dos fluxos financeiros entre as Nações eram escassos, não obstante de já prevalecer alguma abertura nas relações economicas internacionais face aos fluxos comerciais de bens e serviços.

Porém, com o início da nova ordem económica internacional NOEI (início da década 70), caracterizada pela integração económica dos povos, fundamentalmente face a intermediação dos fluxos financeiros, obrigaram a sérias mudanças no comportamento e regulação das economias.

Com efeito, a análise do comportamento da Balança de pagamento é possível mediante a análise dos três grandes períodos que caracterizaram o sistema económico mundial:

- Padrão ouro (mecanismo de convertibilidade autómatica);
- Bretton Woods (câmbios fixos);
- Integração económica (Câmbios flexiveis).

Porém, esta análise só é eficaz através da observação dos dois fundamentos teoricos que caracterizam a economia contemporane (as teorias Keinezianas e Monetarista).

Uma vez que as teórias são complexas e de certo modo fastidiosas para o seu desenvolvimento, face aos resultados obtidos nas conclusões do ponto 5.3.1.1, iremos simplesmente centrar o nosso objecto de estudo nas teórias monetaristas. Partindo do princípio que um dos objectivos da nossa dissertação centrar na política de crédito do sector público, como forma do seu financiamento, muito sucintamente abordaremos algumas anuances da Balança de Pagamentos, bem como algumas medidas económicas utilizadas para o seu equilibrio.

Em suma, sendo a Balança de Pagamentos, um instrumento onde se reflete as relações económicas e financeiras de um determinado país com o exterior, a actividade reguladora do Estado procurará mecanismo de modo a corrigir as oscilações (défice ou superavit) decorrente nas suas transações.

Geralmente os países que apresentam défice na Balança de Pagamento quando não aplicam a esterilização experimentam uma contração da sua base monetária, enquato que os países que apresentam superavit na Balança de Pagamentos experimentam uma expansão da sua base monetária.

É com base destes princípios que a política de estabilização dos países da Indochina se efectuaram.

O sistema bancário nos países da Indochina nunca foram sólido face a falta de confiança da moeda interna, em consequência da repressão financeira, obviamente como é peculiar em economias desajustadas, incentivou a fuga de capitais.

Aliás, segundo S. Fisher, a crise financeira tem sido exacerbada pela fraqueza do sistema financeiro. A desregulamentação financeira interna, empreendida antes da reforma adequada, da supervisão prudencial e do arcaboiço regulamentador é uma das principais razões porque as crises financeiras se tornam mais comuns[106].

Por outro lado, estando consolidada a política ou funções do Banco Central, os países têm as condições técnicas[107]e financeiras para combater a inflação devido aos preços dos activos, obviamente, a política monetária não pode permanecer indiferente quanto aos preços dos activos, pois parecem mover-se com demasiada rapidez, mas não pode orientar-se exclusivamente para manutenção do nível correcto dos preços dos activos (Fisher S./97) através de várias estratégias.

Uma estratégia para lidar com os preços dos activos que parece ajustar os valores fundamentais, é o uso de mercados interbancários

---

[106] Fisher S. – "Bancos centrais: os desafios a enfrentar" - Finanças e desenvolvimento - Março -1997

[107] O Banco Central enquanto banco emissor, tem como missão a orientação e o controlo da política monetária e do financiamento de acordo com as directivas emanadas pelo governo através do ministério das finanças. Citado em Mota A./ Tomé J. – "Mercados de títulos uma abordagem integrada" - Texto Editor - Lisboa - 1992

de títulos (MIT)[108] ou mercados de capital (MC) para reduzir a disponibilidade de crédito destinada a aquisição de activos.

Como é convencional em análise macroeconómica, a oferta da moeda é considerada como uma variável exógena, logo as autoridades monetárias perante um choque exógeno, podem escolher entre duas estratégias: manter o stock da moeda ou manter a taxa de juro (política monetária ou cambial).

No caso dos países da Indochina isto foi possível mediante uma política cambial activa [109](desvalorizando a taxa de câmbio oficial de modo a alcançar a taxa de câmbio do mercado paralelo) e uma política monetária activa[110] de modo a incentivar as poupanças.[111] Estas medidas foram importantes para pôr cobro à dolarização nos países da Indochina.

Neste âmbito é à política monetária que caberá a principal função de regular o nível de massa monetária em função dos objectivos (estabilização dos preços, relançamento da actividade económica e

---

[108] O mercado interbancário de título tem por objectivo regular a procura e oferta de fundos entre instituições financeiras através da compra e venda de títulos da dívida pública (TDP). Enquanto que o mercado de títulos tem por funções principais, entre outras, facilitar a transferência de recursos e a conversão de activos líquidos em investimentos, ou seja a canalização de poupanças (família, empresas e Estado), para o sector produtivo da económia, com a vantagem de não gerar massa monetária através de qualquer efeiton multiplicador, evitando portanto tensões inflacionistas por esta via. Citado in Mota A./Tomé J. (1993) Mercado de Título Uma Abordagem Integrada - Texto Editora, Lisboa 1992

[109] A taxa de câmbio só existe num regime de câmbios fixos. De facto em regime de câmbios flexíveis não há lugar ao controlo directo das taxas de câmbio pelos responsáveis da política económica, condição necessária para que uma variável seja considerada de instrumento macroeconómico directo, já que ela é fixada no livre jogo do mercado, citado em António Serra – "Políticas económicas em África"- ISEG – Lisboa, 1994

[110] obs: Subida da taxa de juro, ou seja, indexar a taxa de juro a uma proporção da diferença entre o índice da inflação e a taxa de juro em vigor que normalmente é negativa, de modo a torna-la real (positiva)(vide secção 1.3.1.2) do capítulo I.

[111] Chaiers Français nº267/Juillet - Septembre 1994

financeira); é sem dúvida um dos principais instrumentos disponíveis aos responsáveis da política económica e financeira de um país.

Deste modo, os países da Indochina a partir destas medidas foram cumprindo a primeira fase da estabilização, que consistiu no derrubamento da inflação através da unificação das taxas de câmbio do mercado oficial e paralelo (a diferença da taxas de câmbio do mercado oficial mantiveram-se em geral em torno de 1% da taxa de câmbio do mercado paralelo), baseados em regime de câmbios flexíveis e redução drástica das despesas (limitação dos créditos pelo Banco Central) e a elevação da taxas de juros reais. Enquanto que, na segunda fase serviu para consolidar as políticas voltadas para a estabilização das taxas de câmbio e de juro. Neste segundo período deu-se uma maior ênfase à mobilização das receitas e na retoma das despesas de capital do governo.

Com o desenvolvimento destas políticas, o sistema bancário foi-se desenvolvendo e muito rapidamente os bancos comerciais foram-se expandindo, evidenciando a abertura de grandes e numerosos bancos e *joint venture* e de filiais de bancos estrangeiros.

A partir deste quadro, a chave da resolução do problema da estabilidade centrou-se em cortes orçamentais, fundamentalmente nos salários[112] e na penetração do mercado oficial de câmbio junto do mercado paralelo de modo a eliminar o desfasamento entre as duas taxas de câmbio. Esta política inteligente adoptada (coabitação dos dois mercados), foi a principal estratégia utilizado pelos países da Indochina e a crescente confiança do público no sistema bancário, levaram à intensificação do uso dos canais financeiros que é geralmente medido pela participação dos meios de pagamentos em sentido amplo no PIB (vide secção 1.3 do cap I).

Em suma, a liberalização financeira, a remoção do controlo dos capitais, a solidez do sistema financeiro interno e a política

---

[112] Justificando em certa medida o despedimento da força de trabalho excedentária segundo princípios de procedimento dos PAE levado a cabo pelo BM nos países com grande desequilibrios. Logo as estratégias da política salarial durante o período de aplicação dos PAE e sectorial é um elemento determinante, face a pressão que os mesmos exercem no domínio orçamental.

macroeconómica são os factores primordiais para a consolidação do sistema bancário.

Porém, não obstante as medidas tomadas pelos países da Indochina terem sido marcados por sucesso (pelo menos até 1995), os PVD não deverão transportar taxativamente os respectivos modelos, na medida em que a realidade da Indochina é diferente da dos restantes países. Por exemplo, a localização geográfica, nomeadamente a aproximdade dos tigres asiáticos em rápida expansão económica ávidos para investir nas economias vizinhas de mão-de-obra barata. Aliás, pensamos que este pode constituir um factor determinante na utilização e na sequência dos instrumentos da política macroeconómica.

Por outro lado, estas medidas de estabilização estão ainda inacabadas, na medida que, ao enveredarem pelo processo da liberalização financeira, seja de ajuda pública ao desenvolvimento (APD), das organizações financeiras internacionais ou outras, novas medidas terão que ser tomadas na prossecução do próprio processo de estabilização e, por conseguinte, da liberalização rumo ao desenvolvimento e à integração económica mundial.

Exemplo, nos mercados monetário a diversidade de moeda inflência muito no comportamento dos especuladores, que em certos casos podem revertir algumas das estratégias de intervenção do Banco Central.

Neste caso a principal prioridade é a estruturação da economia.

Por outras palavras, a estabilização macroeconómica deve contudo ser encarada, em primeiro lugar, para criar as condições para o desenvolvimento dos mecanismos de mercado e, por conseguinte, da liberalização e do processo de integração regional do ponto de vista horizontal e vertical.

É partindo deste ponto de vista que a «estabilização macroeconómica (seguida das reformas dos preços e do comércio) é essencial no início do processo sempre que se verifiquem distorções significativas, como Fisher e Golb (1991) afirmam (...) para os países com graves desequilíbrios internos e externo, a estabilidade macroeconómica tem de ser prioridade inicial»[113].

---

[113] Fátima Roque – "Construir o futuro em Angola" - Celta - Oeiras - 1997

5.4 - A EXPERIÊNCIA DOS PAÍSES EUROPEUS E DA AMÉRICA LATINA FACE À INSTABILIDADE MACROECONÓMICA PROVOCADA PELOS GASTOS DO SEE.

Postas as considerações gerais para a estabilização do sector público, passamos para as condições particulares no âmbito da restruturação da política do SEE angolano a luz da experiência dos países Europeus e da América Latina.

A questão que a colocar será: perante as distorções da política macroeconómica e do sector eléctrico, qual a medida concreta a tomar para sanear a situação?

- Primeiro, pensamos que uma vez identificada a causa do problema da distorção da política do sector eléctrico angolano que nos é dada pela ajuda do governo na expansão e manutenção do sector., A qual tem sido proporcionada na sua maioria pelo Banco Central (BNA), face à distorção da política tarifária que origina a dívida do sector público.

Dando assim o paradoxo de que o sector eléctrico contribui para pressão inflacionista (como acabámos de constatar nas secções precedente) e, consequentemente, tem sido uma das mais afectadas pela inflação e pela própria organização do sector em si face ao proteccionismo do Estado.

Deste modo, com base na identificação do problema em epígrafe e em função dos recursos disponíveis, procurámos a melhor política que incida directamente sobre o mesmo (SEE), no sentido de solucionar o impasse à luz das experiências dos países Europeus e da América Latina da década de cinquenta.

5.4.1 - CLÁUSULA DO AJUSTAMENTO AUTOMÁTICO DAS TARIFAS.

A cláusula do ajustamento automático das tarifas do sector eléctrico, face ao movimento inflacionista é uma das condições necessárias para que os custos de exploração não interfiram nos rendimentos do sector, já que, a pressão dos rendimentos sobre os preços e dos preços sobre os rendimentos do sector eléctrico, é uma das causas da inflação. Por conseguinte, qualquer actuação destinada a pôr cobro à inflação, tem que incidir directamente nesta interacção de salários, ordenados e preços...)[114]

Deste modo, pensamos que seja a partir deste princípio que se apresenta a proposta de ajustamento automático das tarifas face às mudanças das seguintes rubricas:

1- aumento dos preços de combustíveis, da energia comprada e dos salários;
2- variação da taxa de câmbio;
3- variação dos impostos.

O objectivo destas medidas visa a criação de oportunidades do sector eléctrico, de modo a competir com os sectores de actividade não regulamentadas no intuito de atrair a poupança interna e o investimento directo estrangeiro IDE[115].

Neste sentido, a primeira necessidade é a reavaliação das contas de capitais de modo a reflectir as principais mudanças do nível de preços (inflação) através do Índice de Preços do Consumidor (IPC), com o seguinte fim: a fixação de uma base de investimento do sector eléctrico e, por conseguinte, a protecção dos mesmos contra o movimento inflacionista.

Geralmente, para atingir os respectivos objectivos requer a utilização de três métodos, que se seguem:

1 - disponibilidade de taxas de juros para as obrigações;
2 - emissão de obrigações pagas no país, em divisas (dólar) ou em moeda nacional ajustada à taxa de câmbio;
3 - estimular os investimentos institucionais (instituições financeiras não monetárias) para que possam adquirir títulos ao sector eléctrico, como sucedeu nos Estados Unidos de América, na aplicação dos fundos de previsão social e pensões para aquisição de títulos.

---

[114] Galbraith J. - Uma teoria de controlo de preços - Dom Quixote - Lisboa - p 13
[115] Cavers D/ Nelson J. – "Ordenamento de la energia en la America latina" - emece - Buenos Aires - 1961 - cap XII

Enfim, estes são os principais métodos ou disposições que o sector eléctrico possui para a conservação e ampliar as suas necessidades de capital. Com efeito, tais medidas só terão efeitos positivos mediante a estabilização e a liberalização da política económica e financeira do país, como podemos observar nos exemplos que se seguem.

A principal estratégica adoptada pelos países da América Latina, para o investimento e a manutenção do sector eléctrico, foi baseada na emissão de títulos para o sector empresarial industrial, na medida que o mesmo é o potencial consumidor (sobre a importância do consumo industrial ver capítulo II e III), a partir das seguintes modalidades:

- a possibilidade de uma ou mais empresas industriais se associarem ao sector eléctrico, na construção e na manutenção de uma propriedade de geração de electricidade e na repartição da produção entre os associados, em função da participação no capital;
- a possibilidade de empresas industriais adquirirem títulos do SEE, no sentido de cobrirem as necessidades de capitais. Este grupo detentor de títulos face aos capitais investidos constituirá um forte grupo de pressão ou arbitragem da expansão e manutenção (gestão) do sector eléctrico.

Por outro lado, as quotas estabelecidas devem estar de acordo com o limite máximo estipulado de consumo, a partir do qual as empresas que ultrapassarem as metas estabelecidas, proporcionalmente ao excesso, deverão anualmente adquirir acções correspondentes.

Esta política de aquisição de títulos para o caso concreto de Angola, enquanto se procuram os meios para a estabilização da política macroeconómica, deve ter um carácter vinculativo forçado, de modo que se criem hábitos na sociedade para que uma vez alcançada a estabilidade os potenciais accionistas invistam voluntariamente neste sector.

A ideia da subscrição anual de títulos pelas empresas industriais no sector e, fundamentalmente, nos PVD, devido à coexistência dual da produção (produção industrial e a tradicional) e a própria estrutura do consumidor de electricidade deve ser extensiva ao sector doméstico.

Estas medidas parecem-nos preferíveis à adopção de impostos especiais[116] sobre a electricidade, a fim de proporcionar fundos para construção de centrais eléctricas, mas para garantir um rendimento concreto ao consumidor de electricidade obrigado a pagar.

Por último, dado o baixo nível das tarifas que imperam nestes países (PVD) é aconselhável subir as mesmas, sem, no entanto, afectar o nível de preços do sector industrial. Pensamos que esta acção poderá ser balanceada ao compararmos os custos da autogeração, face ao baixo factor de carga, serem considerados bastantes elevados em relação à produção em grande escala.

Relativamente à política francesa em relação ao SEE é dada pela perspicácia do sector privado e pela organização do mercado de capitais, na medida em que no período em referência (década 50) as instituições públicas face ao esforço de guerra e aos avultados investimentos, encontravam-se descapitalizada, tendo assim o sector privado avançado na competição com o sector público na disputa de novas disponibilidades de poupança.

Nesta época a França detinha já uma tradição histórica de poupança e de investir as mesmas.

Porém, na sequência do choque provocado pela Segunda Guerra Mundial, a inflação foi deteriorando o capital o que obrigou as autoridades a restabelecer ou a ajustar as poupanças dos aforradores segundo os fins e a sua origem.

Em suma, a diferença entre a França e os países da América Latina e os demais PVD, centra-se no potencial mercado de capital que a França detinha, destruído e restruturado no período do pós guerra.

Deste modo, os PVD, caso queiram enveredar para as políticas óptimas do SEE, sem o peso ou factura da inflação, primeiro, terão que criar a confiança nos seus potenciais aforradores (sector privado) no intuito destes investirem no sector através da aquisição de títulos junto das respectivas instituições.

A preferência por capitais de origem do sector privado é justificável na medida em que as fontes habituais de financiamento

---

[116] Exemplo: as taxas de electricidade pagas pelos consumidores localizados no interior de Angola, para cobertura dos custos de transporte do ATM e administrativos.

dos investimentos no sector eléctrico, os doadores multilaterais conduzidos pelo BM, bem como os doadores bilaterais, são considerados decadentes. Por outro lado, as novas tendências incluem a cooperação ou privatização dentro do contexto da globalização, competitividade internacional, deixando o papel dos Estados na redefinição e na restruturação das áreas de mercado que funcionam imperfeitamente (SADC/97).

Deste modo, podemos observar que as políticas saudáveis desempenham importante papel na determinação do crescimento e da velocidade de integração.

As reformas de políticas desenhadas para aumentar o crescimento e a estabilidade, provavelmente influenciarão na velocidade de integração do país directamente e terão os seus efeitos sobre o crescimento.

Três tipos de políticas afectam a velocidade de integração de maneira relativamente rápida:

- **política macro-económica;**
- **regime do comércio livre;**
- **infra-estruturas**

CONCLUSÕES GERAIS

O objectivo do nosso estudo centrou-se no *Impacto do Sector de Energia Eléctrica Angolano no processo de Integração regional da África* Astral cujo objecto de investigação foi efectuado tendo por base as duas grandes questões formuladas no capítulo introdutório.

A primeira destas questões prende-se com as condições necessárias para que Angola enverede ou participe efectivamente no processo de integração regional da África Austral.

Ao analisar as três principais políticas que afectam a velocidade de integração de um país de maneira relativamente rápida (a política macroeconómica, regime do comércio livre e infaestruturas), chegámos à seguinte constatação.

- Angola, como acabámos de verificar nos capítulos precedentes, em termos de integração na região Austral de África, face à desestruturação das políticas, tem-se mostrado pouco participativa.

1º - Porque qualquer uma das políticas que afectam a prossecução da velocidade de integração apresentam graves distorções, fundamentalmente a política macroeconómica (veja rubrica 1.3), pedra de toque de todos processos integracionistas, tanto a nível regional como mundial (globalização).

2º - Por outro lado, ao analisar à luz das cinco etapas para o movimento em causa, propostas por Bela Balassa (*zona livre de comércio, união aduaneira, mercado comum, união económica e integração económica total),* as experiências das organizações regionais em África como a Comunidade dos Estados da África do Ocidental *(CEAO-1974),* Comunidade Económica para dos dos Estados da África Ocidental *(CEDEAO-1975),* Zona de troca Preferencial *(ZEP-1981 ou PTA),* entre outras, não tiveram efeitos significativos apesar de algumas realizações pontuais e limitadas, nomeadamente a *OCEAO* (veja Torres A./94).

O fracasso das organizações referidas deve-se sobretudo à «adopção do modelo de integração pela via de mercado, modelo da Comunidade Económica Europeia (*CEE)* sem ter em conta as diferenças fundamentais dos investimentos económicos da CEE e de África» (veja E/ECA/CM.17.2)

- Os países da CEE são países industrializados e com uma política macroeconómica estável, enquanto que os países africanos (e muito especialmente Angola) são, na sua maioria, pré-industrializados com uma política macroeconómica desarticulada.

Face a esta situação, pensamos que o princípio adoptado pela SADC (integração sectorial) é a melhor via para integração dos estados africanos; aliás, este princípio é corroborado pela CEA e UE, entre outras organizações de cooperação internacionais segundo o qual numerosos apoios têm sido dados à organização.

«Todavia a integração regional pode ser abordada como um processo transitório "educador" ou sejas preparação de mudança dentro de parâmetros controláveis e submetidas a objectivos faseados» (veja Torres A/Nº1/94)

É partindo deste princípio que nos interrogamos, como é que a política tarifária *versus* planeamento funciona como elemento catalisador do processo de integração regional face à estrutura macroeconómica de Angola?

Considerando a amplitude desta segunda questão, pensamos conveniente repartir a mesma da seguinte forma:

A primeira condição do nosso trabalho de investigação, centrou-se fundamentalmente no extracto do "consumo" (segundo rubrica 2.3).

Este indicador (consumo) permite-nos identificar as causas do estrangulamento da modulação do sistema tarifário e por conseguinte de todo o sistema eléctrico.

Deste modo, no âmbito da reformulação do sistema tarifário, a reforma da política do consumidor deve ser tida como condição *sine qua non* face ao objectivo (reforma do SEE angolano), no sentido de se enveredar no processo de integração regional, na medida em que ele é o garante da formulação da política do sector (conforme ponto nº5.3)

Consequentemente, face à desestruturação do sistema tarifário, apresentámos algumas teorias e princípios adoptados por vários países e organizações internacionais, para o apuramento dos CMLP, dos CMCP e dos custos médios (segundo ponto 4.1.1) no sentido de explicar os efeitos das tarifas sobre os rendimentos e por conseguinte a atracção de capitais para o sector (conforme ponto 3.5.1 e 5.4).

Face às perturbações do sistema tarifário angolano, uma vez identificada a causa do estrangulamento, procurámos estabelecer os principais elementos que concorrem para modulação do sistema tarifário (cf. secção 4.5 e 4.6 ou mapas em anexo para o efeito de 17 à 29) de modo a que as estruturas do SEE estabeleçam os custos marginais do sector e, por conseguinte, do sistema tarifário.

Através dos principais rácios do SEE (cf. Secção 5.2), Angola constituirá indicadores comparativos com SEE a nível regional e possibilitará o estabelecimento de cooperação a nível do sector em causa, bem como em todos os domínios da actividade económica, financeira e social.

É partindo deste quadro que se estabeleceu como condição, para que Angola enverede efectivamente no processo de integração regional na região Austral de África, a estabilização da política macroeconómica.

Deste modo, ao utilizarmos **o SEE como barómetro do nivelamento destas políticas** estamos a procurar as condições básicas para o tão almejado objectivo de "integração regional".

Como conclusão final e partindo do princípio que tanto a política de planeamento como de integração estão em constante mutação, esperamos que com esta modesta contribuição se abram luzes no sentido de uma efectiva investigação dentro do objecto de trabalho a que nos propuscmos e, por conseguinte, do processo da globalização.

ANEXO – I

ESTRUTURA DO PRODUTO INTERNO BRUTO DE ANGOLA
POR SECTORES DE ACTIVIDADE

QUADRO N.º 1   UM:MILHÕES NKZ

N.º	DESCRIÇÃO	ANO									
		1985	1986	1987	1988	1989	1990	1991	1992	1993	1994
1.0.0	SECTOR PRIMÁRIO	85.666	61757	91469	102118	135054	155724	417,9	2468,2	20436	489565
1.1.0	AGRICULTURA E PESCAS	27583	27362	28402	37981	53187	55067	274,2	1086,6	9075,3	122480
1.2.0	INDÚSTRIA EXTRATIVA	58083	34395	63067	64137	81867	100657	143,7	1381,6	11318	367085
1.2.1	PETRÓLEO	57149	33869	60283	59436	76105	94975	134,9	1301,2	11318	359728
1.2.2	DIAMANTES	801	404	2641	4436	5493	5415	8,6	79,4	34,4	7063
1.2.3	OUTROS	133	122	143	265	269	267	0,2	1	8,7	294
2.0.0	SECTOR SECUNDÁRIO	30001	30464	28131	29832	26495	24737	64	209	1551	27620
2.1.0	INDÚSTRIA TRANSFORMD.	19739	20768	16152	19674	17064	15354	40,6	120,9	989,2	16877
2.2.0	ENERGIA ELÉCT. E ÁGUAS	494	457	530	463	443	380	0,4	1,8	16,9	239
2.3.0	CONSTRUÇÃO	9768	9239	11449	9695	8988	9003	23	86,3	550,9	10504
3.0.0	SECTOR TERCIÁRIO	89733	100540	102368	107691	117316	127602	370,9	1441,7	11304	211180
3.1.0	COMERCÍO	26536	25405	25926	27648	31354	32827	83,6	380,2	3460,3	57332
3.2.0	TRANSP. E COMUNICA.	9914	9629	8768	8195	83389	9822	23,4	89,5	832,8	13466
3.3.0	BANCOS E SEGUROS	3391	2533	619	1074	1543	214	4	14,1	121,6	3901
3.4.0	OUTROS SERV. MERCANTIS	5979	8049	9087	9880	10051	12526	34,1	297,9	2830,7	91596
3.5.0	SERVIÇOS NÃO MERCANTIS	41329	51023	53881	57936	63189	69982	203,1	529,7	3375,2	33969
3.6.0	SERV. BANC. IMPUTADOS	-1332	-793	722	-364	478					
3.7.0	DIREITOS DE IMPORTAÇÃO	3916	4694	3365	3322	3116	1753	22,7	130,3	683,2	10916
4.0.0	TOTAL – PIB	205400	192761	221968	239641	278865	308063	852,8	4118,9	33291	728365
1.0.0	SECTOR PRIMÁRIO	85666	61757	91467	102118	135054	155724	417,9	2468,2	20436	489565
2.0.0	SECTOR SECUNDÁRIO	30001	30464	28131	29832	26495	24737	64	209	1551	27620
3.0.0	SECTOR TERCIÁRIO	89733	100540	102368	107691	117316	127602	370,9	1441,7	11304	211180

FONTE: INE – PERFIL ESTATÍSTICO ECONÓMICO E SOCIAL 1989/93 - 1991/94

PIB *preços correntes*

BALANÇA DE PAGAMENTOS DE
ANGOLA

QUADRO N.º 2   UM: MILHÕES DE USD

N.º	DESCRIÇÃO	ANO									
		1985	1986	1987	1988	1989	1990	1991	1992	1993	1994
1.0.0	Balança de transacções correntes	195	-303	447	-469	-132	-235	-580	-735	-669	-339
1.1.0	Balança comercial	900	260	1019	1120	1676	2306	2102	1845	1438	1563
1.1.1	Exportações fob	2301	1346	2322	2492	3014	3884	3449	3833	2900	3017
1.1.2	Sector petrolífero	2150	1256	2159	2181	2740	3607	3238	3573	2827	2902
1.1.3	Sector não petrolífero	151	90	163	311	274	277	211	260	74	115
1.2.0	Importações fob	1401	1086	1303	1372	1338	1578	1347	1988	1463	1454
2.0.0	Balança de serviços e rendimentos	-726	-704	-624	-1621	-1804	-2464	-2710	-2682	-2272	-2147
2.1.0	Créditos de serviços	129	116	93	128	150	119	186	159	117	163
2.2.0	Debito de serviços	855	820	717	1749	1954	2583	2896	2841	2389	2311
2.2.1	Juros	43	80	90	367	411	452	694	379	399	326
2.2.2	Lucros e dividendos	108	82	135	185	303	314	313	362	379	358
2.2.3	Transportes e viajens	247	243	171	307	376	527	613	695	510	404
2.2.4	Outros	457	415	321	890	834	1290	1276	1405	11202	1223
2.2.4											
3.0.0	Balança de transferência unilateral (li)	21	141	52	32	-4	-77	28	102	166	245
3.1.0	Das quais: remessa de trabalhadores						-122	-63	-54	-79	-84
	Do sector petrolífero										
4.0.0	Balança de capit de médio e longo prazo	454	248	55	-199	-120	-607	-622	-387	-542	-470
4.1.0	Investimento directo estrangeiro	278	234	119	131	200	-335	664	288	3032	170
4.1.1	Ingressos	415	421	364	454	482	389	1090	673	851	663
4.1.2	Saídas	137	187	245	323	282	724	425	385	549	492
4.2.0	Outras operações de capital (liq)	176	14	-64	-330	-320	-273	-1287	-675	-844	-640
4.2.1	Desembolso	439	371	359	504	665	923	232	764	551	570
4.2.2	Das quais: companhias de petróleo						130	105	40	262	362
4.2.3	Amortizações	263	357	423	834	985	1195	1519	1439	1395	1210
4.2.4	Dos quais:companhias de petróleo						93	224	104	180	225
5.0.0	Balança de capitais de curto prazo e	-655	-205	-835	-255	-678	-407	-298	-16	-291	-218
	Erros e omissões										
6.0.0	Balança global	-6	-269	-333	-923	-930	-1250	-1500	-1138	-1501	-1027
7.0.0	Financiamento:										
7.1.0	Variação das reservas (aumento -)	-21	41	-17	-49	6	-1	-48	-227	193	14
7.2.0	Acumulação liquidas de atrasados 2/	27	218	149	967	-895	582	1459	1317	1263	700
7.2.1	Médio e longo prazo						388	1355	1104	1262	700
7.2.2	Curto prazo						194	104	214	1	-313
7.2.3	Juros de mora										
7.3.0	Rescalonamento 1/			200	7	1819	669	89	48	46	313
7.3.1	Clube de Paris			200	7	349	115				
7.3.2	Outros credores					1470	554	89	48	46	313
7.4.0	Empréstimo à Balança										

FONTE:BNA

INDICADORES ESTRUTURAIS DE ANGOLA

QUADRO N.º 3

N.º	DESCRIÇÃO	ANO									
		1985	1986	1987	1988	1989	1990	1991	1992	1993	1994
.1.0.0	INDICADORES DEMOGRÁFICOS										
1.1.0	Total da população (1000)	8754	8994	9233	9483	9739	10200	10310	10609	10916	11233
1.2.0	Taxa média de cresc. Da população	2,7	2,7	2,7	2,7	2,7	2,7	2,9	2,9	2,9	2,9
1.3.0	Taxa de urbanização						36,9	40,3	40	42	42,9
1.4.0	Esperança de vida a nascência									47	
1.5.0	Taxa de fecundidade										
1.6.0	Taxa de mortalidade infantil										
1.7.0	Estrutura etária										
1.7.1	0 – 14	44,69					45	44,5	44,5	44,99	44,95
1.7.2	15 – 19	9,75					9,8	9,8	9,74	9,8	9,8
1.7.3	20 – 29	15,79					15,79	15,79	15,75	15,79	15,8
1.7.4	30 – 44	15,1					15,09	15,09	12,5	15,07	15,09
1.7.5	45 – 56	9					8,78	8,78	9,49	8,84	8,84
1.7.6	65 +	5,59					5,5	8	5,49	5,49	5,5
2.0.0	INDICADORES SOCIAIS										
2.2.0	N.º de habitante por médico						15136	15574	16026	17327	17327
2.3.0	Taxa de alfabetização										
2.3.1	Nível primário						98,4	97,57	97,47		
2.3.2	Nível secundário						1,56	1,93	2,08		
2.3.3	Nível terciário						0,48	0,48	0,44		
3.0.0	INDICADORES ECONÓMICOS										
3.1.0	PNB (em milhões de USD)*	7410	7620	8219	8720	8696	8762	8762	8890	6722	7238
3.2.0	PNB per capita	845,5	847,2	890,1	919,5	892,9	859	849,8	837,9	615,7	644,3
3.3.0	Estrutura do PIB (%)										
3.3.1	Sector primário	41,71	32,04	41,21	42,61	48,43	50,55	49	59,93	61,39	67,21
3.3.2	Sector secundário	14,61	15,8	12,67	12,45	9,5	8,03	7,5	5,07	4,66	3,8
3.3.3	Sector terciário	43,68	52,16	46,12	44,94	42,07	41,42	43,5	35	33,95	28,99
3.4.0	Consumo de energia per capita (KWH)	80,52	85,26	83,34	88,79	87,01	77,62	87,74	89,04	88,04	83,44

FONTE: INE, Perfil Económico e Social de Angola e *World Bank - African Development Indicators - 1996

INDICADORES CONJUNTURAIS DE ANGOLA

QUADRO N:º 4

N.º	DESCRIÇÃO	ANO									
		1985	1986	1987	1988	1989	1990	1991	1992	1993	1994
1.0		Comércio externo									
1.1	Exportações (milhões de USD) a	2301	1346	2322	2432	3014	3884	3449	3833	2900	3017
1.2	Importações (milhõesw de USD)	1401	1086	1303	1372	1338	1578	1347	1988	1463	1454
1.3	Balança comercial (milhões de USD)	900	260	1019	1120	1676	2306	2102	1845	1438	1563
1.4	Exportações da SADC (milhões USD)										
1.5	Importações da SADC (milhões USD)										
2.0		DÍVIDA EXTERNA									
2.1	Dívida externa total (milhões de USD) b			4833	4971	6533	7281	7583	8639	9219	9218
2.2	Dívida a SADC (milhões de USD)										
2.3	Dívida externa/PNB (%)			58,8	57,2	74,91	83,72	86,54	97,17	137,14	127,35
2.4	Serviço da dívida / Exportações (%)	28,46	34,54	22,09	49,38	47,31	42,43	64,16	47,43	61,86	50,91
3.0		AJUDA PÚBLICA									
3.1	Ajuda total (milhões de USD) b						159	576	768	981	1184
3.2	Ajuda bilateral (SADC)										
3.3	Ajuda bilateral						159	574	766	971	1171
3.4	Ajuda multilateral						0	2	2	10	13
4.0		INDICADORES ECONÓMICOS									
4.1	Taxa de crescimento do9 PIB (%) b		3,18	7	5,57	0,34	-0,44	0	2,7	-22,6	9
4.2	Estrutura da demanda (%)										
4.3	Consumo do sector privado	52,7	46,3	41,9	46,5	57,1	58,8	53,9	39,79	53,59	55,7
4.4	Consumo do sector público	32,6	33,8	32,9	32,9	30,9	31,3	28,21	47,09	32,9	33,9
4.5	Investimentos	20,8	17,1	18,3	13,1	30,9	13,1	14,59	14,49	14,5	14,2
4.6	Exportações	24,7	27,5	32,7	39,3	38,4	40,1	30,4	45,7	45,2	66,09
4.7	Importações	28,67	25,78	26,13	25,76	23,06	-23,8	-27,1	-47,1	-46,2	-69,9
5.0		INDICADORES MONENETÁRIO E FINANCEIROS									
5.1	Inflação (%) b) e c)		8	2	16,7	10,97	10,97	48,42	495	1837	970,7
5.2	Taxa de juro passiva a 1 ano c)							12	12	16	86
5.3	Taxa de câmbio em USD	29,9	29,9	29,9	29,9	29,9	29,9	57,97	455,5	5035	120693
5.4	Défice público				749,6	1529	1865	4283	3501	9281	246,7
5.5	Investimento directo estrangeiro	278	234	119	131	200	-335	664	288	302	170
5.6	Reservas internacionais b)						114,9	263,9	116,77	392,603	3209

FONTES:a) BNA Balança de Pagamentos
b) INE – Perfíl Económico e Social de Angola
c)Fátima Roque- Construrir O Futuro de Angola
d) Word BanK - African Development Indicators 1996
e) Inflação de 1985 à 1990 calculada a partir do deflactor

**EXEMPLO HIPOTÉTICO DO CÁLCULO DA RENDIBILIDADE DO MAIOR CAPITAL
ADICIONAL NECESSÁRIO PARA AS CENTRAIS HIDROELÉCTRICA EM RELAÇÃO ÀS
VARIANTES TÉRMICAS COM A DIFERENÇA ASSENTE NO FACTOR CARGA**

QUADRO N.º 12

N.º	DESCRIÇÃO	PROJECTO-D	PROJECTO-E	PROJECTO-F
1	Capacidade instalada em KW	100.000	100.000	100.000
2	Produção bruta de energia em milhões de KWH	614	438	263
3	Factor de carga da central em percentagem (2):(1)* 8760	70	50	30
4	Custo da central hidroeléctrica em dólares por KW instalado	300	300	300
5	Custo da central térmica em dolares por KW instalado	150	150	150
6	Investimento de capital na central hidroeléctrica, em 1000 dólares	30.000	30.000	30.000
7	Investimento de capital na central térmica, em 1000 dólares	15.000	15.000	15.000
8	Diferença de capital necessário para a central hidroeléctrica (6-7)	15.000	15.000	15.000
9	Gastos de exploração e manutenção da central térmica em			
	milésiimo do dólares por KWH	0,5	0,55	0,6
10	Custo do combustível	3,75	3,8	4
11	Custo de depreciação da central térmica, em milésimo do dólares KWH	0,7	0,95	1,55
12	Custo unitário da produção térmica, em milésimo do dólares por	4,95	5,3	6,15
	KWH (9+10+11)	3,02	2.320	1.620
13	Custo anual da produção térmica, em milésimo do dólares			
14	Gastos de exploração e manutenção da central hidroeléctrica, em			
	Milésimo de dólares por KWH	0,34	0,45	0,8
15	Custo da depreciação da central hidroeléctrica, em milesimo do			
	Dolar por KWH	0,73	1,05	1,7
16	Custo unitário da produção hidroeléctrica, em milesimo do dolar por			
	KWH (14+15)	1,07	1,5	2,5
17	Custo anual da produção hidroeléctrica, em mil dolares	665	657	655
18	Economias anuais no custo da produ8ção hidroeléctrica =(13+17)	2.355	1.663	965
19	Taxa de rendibilidade anual, diferença do capital necessário			
	Para o projecto hidroeléctrico (18 / 8)	15,7	11,1	6,4

Suposição a partir dos combustíveis:

Consumo em BTU por KWH.	10.500	10.650	11.250
Custo de um milhão de BTU por libra de carvão	35,7	35,7	35,7
Custo da tonelada de carvão, em dólares	12.500	12.500	12.500
Taxa de depreciação: 2,75% para as centrais térmicas,	8,95	8,95	8,905

e 1,5% para as centrais hidroeléctricas, em relação ao
fundo de amortização

FONTE: BM/1970

**EXEMPLO HIPOTÉTICO DO CÁLCULO DA RENDIBILIDADE DO MAIOR CAPITAL
ADICIONAL NECESSÁRIO PARA AS CENTRAIS HIDROELÉCTRICA EM RELAÇÃO ÀS
VARIANTES TÉRMICAS COM A DIFERENÇA ASSENTE NO FACTOR DE CUSTO**

QUADRO Nº.13

Nº.	DESCRIÇÃO	PROJECTO-D	PROJECTO-E	PROJECTO-F
1	Capacidade instalada em kw	1.000.000	1.000.000	1.000.000
2	Produção bruta de energia em milhões de kwh	614	614	614
3	Factor de carga da central em percentagem (2):(1)*8760 horas	70	70	70
4	Custo da central hidroeléctrica em dólares por kw instalado	500	500	500
5	Custo da central térmica em dolares por kw instalado	175	125	125
6	Investimento de capital da central hidroeléctrica, em 1000 dólares	50.000	50.000	25.000
7	Investimento de capital da central térmica, em 1000 dólares	17.500	12.500	12.500
8	Diferença de capital necessário para a central hidroeléctrica (6-7)	32.500	37.500	12.500
9	Gastos de exploração e manutenção da central térmica em milesimo do dólar por kwh	0,5	0,5	0,5
10	Custo do combustível	4,5	3,5	3,5
11	Custo da depreciação da central térmica, em milésimo de dolar por kwh	0,8	0,55	0,55
12	Custo unitário da produção térmica, em milésimo de dólar por Kwh (9+10+11)	5,8	4,55	4,55
13	Custo annual da produção térmica, em milésimo por dólar	3.550	2.795	2.795
14	Gastos de exploração e manutenção da central hidroeléctrica, em Milésimo do dólar por kwh	0,45	0,45	0,3
15	Custo da depreciação da central hidroeléctrica, em milésimo do Dólar por kwh	1,22	1,22	0,6
16	Custo unitário da produção hidroeléctrica, em milésimo de dólar por Kwh (14+15)	1,67	1,67	0,9
17	Custo anual da produção hidroeléctrica em mil dólares			
18	Economias anuais no custo da produção hidroeléctrica(13-17)	2.525	1.770	2.235
19	Taxa de rentabilidade anual, diferença do capital necessário Para o projecto hidroeléctrico (18/19)	7,8	4,7	17,9

Suposição a partir dos combustíveis:

Consumo em BTU por kwh	10.000	10.000	10.000
Custo de um milhão de BTU por libra de carvão	45	31,8	31,8
Custo da tonelada de carvão em dólares	12.500	12.500	12.500
Taxa de depreciação: 2,75% para as centrais térmicas,	11,25	7,95	7,95

e 1,5% para as centrais hidroeléctricas, em relação ao fundo de amortização

FONTE:BM/1970

COMPARAÇÃO DA KUROBE 4 COM UMA VARIANTE TÉRMICA
A PARTIR DE DADOS PREPARADOS PELA KANSAI

QUADRO N.º 14   UM: MILHÕES DE IENES (JAPÃO)

N.º	DESCRIÇÃO	Kurobe 4	V. térmica
1.0	Necessidade de capitais		
1.1	Instalações gerais	40.902	26.718
1.2	Instalações de transporte	6.014	357
1.3	Subestações de transformação	2.365	3.170
1.4	Investimento total	49.281	30.245
2.0	Custos anuais operacionais		
2.1	Custo de combustíveis	1.950*	4.690
2.2	Operacionais, Manutenção e Administração	562	735
2.3	Depreciações	1.020	855
2.4	Impostos	338	252
2.5	Custo totais anuais	3.870	6.532
3.0	Investimento adicional em instalações hídricas		
3.1	Investimento adicional na instalação da Kurobe 4	49.281	
3.2	Investimento na variante térmica	30.245	
3.3	Investimento adicional	19.036	
4.0	Economia nos custos anuais da operacionais		
4.1	Custo total anual da variante térmica	6.532	
4.2	Custo anual do Kurobe 4	3.870	
4.3	Economias anuais	2.662	
5.0	Economia anuais como rendibilidade do investimento adicional na instalação hidroeléctrica		
5.1	Taxa de rendibilidade		2.662 / 19.036=14,0%

FONTE:BM/70

COMPARAÇÃO DA KUROBE 4 COM A VARIANTE
TÉRMICA MODIFICADA*

Quadro nº 15   Milhões de Iene (Japão)

N.º	DESCRIÇÃO	KUROBE-4	VARIANTE TÉR.
1.0	Necessidade de capital		
1.1	Instalação de produção de energia	40.902	21.900
1.2	Instalação de transporte	6.014	340
1.3	Subestações transformadora	2.365	2.600
1.4	Investimento total	49.281	24.840
2.0	Custos anuais operacionais		
2.1	Custo de combustíveis	940	3.050
2.2	Operação, Manutenção e Administração	562	571
2.3	Depreciação	1.020	700
2.4	Impostos	338	214
2.5	Custos totais anuais	2.860	4.536
3.0	Investimento adicional na instalação hidroelectrica		
3.1	Investimento na Kurobe 4	49.281	
3.2	Investimento na variante térmica	24.840	
3.3	Investimento adicional	24.441	
4.0	Economias nos custos anuais aperacionais		
4.1	Custo total anual da variante térmica	4.535	
4.2	Custo total anual da Kurobe 4	2.860	
4.3	Economias anuais	1.675	
5.0	Economias anuais como rendibilidade do investimento Adicional na instalação hidroelectrica		
	Taxa de rendibilidade	1.675/24.441=6,9%	

FONTE: BM/1970 p222

*A variante térmica modificou-se segundo hípoteses mas realistas: a capacidade
De geração reduziu-se para 66.000 Kwh, diminuindo o investimento de capital na
Instalação térmica. O preço do combustível baixa em \$0,50 por milhões de
BTU[117], com o fim de reflectir o menor custo de importação, tanto na
Variante térmica como na central a vapor complementar

---

[117] No sistema SI, a unidade regulamentar é o joule; contudo, as unidades fora do SI, as unidades de apresentação ditas unidades convencionais, são ainda usadas correntemente elas são associadas ao emprego de coeficiente de conversão e permitem adicionar, nos balanços globais, quantidades de energia diferentes; entre as mais correntes encontram-se a Tonelada Equivalente ao Carvão (TEC) e a Tonelada Equivalente ao Petróleo (TEP) se bem não sejam admitidos no SI, a caloria e os seus múltiplos são ainda utilizados, assim como algumas outras unidades físicas fora desse sistema, tal como a Britsh Thermal Unit (BTU).
Nota: a utilização das unidades apresentadas reflecte a estrutura dos sistemas energético, baseado essencialmente na utilização do carvão e do petróleo; citado em Terminologia Energética, Comissão Nacional Portuguesa da Conferência Mundial de Energia 1986 P.20, vide também Nations Unies - Anuaire des

A N E X O - II

SECTOR DE ENERGIA ELÉCTRICA
LEVANTAMENTO DAS CENTRAIS HIDRICAS

QUADRO Nº 17   MÊS DE 199__

N.	LOCALIZAÇÃO	DESIGNAÇÃO	ANO DE ENTRADA	SITUAÇÃO	CUSTO			
			EM SERVIÇO		M.I.	M.E.	TAXA	TOTAL
0	1	2	3	4	5	6	7	8

FONTE: ENE/94

Statistiques de l'Energie - New York 1996 P XXV. Em suma, do ponto de vista económico face aos resultados obtidos (cf. Quadro 13 e 14), é justificável a implementação de novos investimentos na Kurobe 4.

QUADRO N.º 17

O presente quadro reporta o levantamento das centrais hídricas. À cabeça do quado será posto o nome da unidade assim como o mês e ano a informar.

COLUNA 0 (N.º)

Dever-se-á inscrever o número de ordem.

COLUNA 1 (LOCALIZAÇÃO)

Dever-se-á inscrever a localização da respectiva central hídrica em primeiro lugar e nas linhas subsequentes o número de grupos, onde podemos descriminar Grupo 1, Grupo 2 e assim sucessivamente.

COLUNA 2 (DESIGNAÇÃO)

Dever-se-á inscrever apenas as iniciais da central hídrica. Exemplo: Central Hídrica da Matala (CHM). Por outro lado, as iniciais deverão corresponder aos respectivos grupos, o que significa que, na coluna subsequente da localização dever-se-á inscrever as respectivas inicias.

COLUNA 3 (ANO DE ENTRADA EM SERVIÇO)

Dever-se-á inscrever o ano de entrada em serviços dos respectivos grupos. Importante será realçar a data de entrada em serviço de cada grupo por quanto uma central hídrica constituída no ano x com um total de y grupos dado as condições do caudal e outros factores exógenos tais como o aumento da procura energética ou rendebilização dos capitais, a direcção da empresa poderá decidir ampliar a capacidade da central, incrementando mais grupos, logo os novos grupos entram em funcionamento em períodos diferentes aos inicias. A título de exemplo, temos a Central Hídrica de Cambambe, aquando da sua construção no ano de 1962 comportava apenas dois grupos, e no ano de 1972 pelos factores mencionados o organismo reitor da central decidiu ampliar a respectiva central construindo mais dois grupos.

COLUNA 4 (SITUAÇÃO)

Dever-se-á inscrever a situação dos grupos, isto é o estado de disponibilidade ou indisponibilidade dos respectivos grupos.

COLUNA 5 (M.I.)

Dever-se-á inscrever todos os custos em moeda nacional (NKZ) incorridos na implementação do projecto até à data de entrada em serviço. Importa realçar que o apuramento de custos adicionais de cada grupo é extremamente moroso e difícil logo, para ultrapassarmos a respectiva dificuldade, o apuramento dos respectivos custos deverá ser feito na sua globalidade e posteriormente em função dos grupos achar a média de custo de cada grupo.

$$\text{CUSTO DE CADA GRUPO} = \frac{\text{CUSTO TOTAL DA CENTRAL}}{\text{NÚMERO DE GRUPOS}}$$

COLUNA 6 (M.E.)

Dever-se-á inscrever os custos em moeda externa incorridos na implementação do projecto (central hídrica), convertidos em moeda nacional, o procedimento do apuramento dos custos adicionais para cada grupo será idêntico à coluna 5.

COLUNA 7 (TAXA DE CÂMBIO)

Dever-se-á inscrever a taxa de câmbio em vigor no período da implementação do projecto, uma vez que os custos em moeda externa, estão convertidos em moeda nacional. Importante será realçar o tempo de implementação do projecto devido ao prazo ser bastante dilatado por forma a recorrermos a uma taxa de câmbio média. A presente informação é de capital importância porquanto ela será um instrumento importante na tomada de decisão particularmente em períodos de inflação galopante, isto porque ela permite-nos actualizar o património, e uma vez que estivermos em falta da respectiva informação as decisões a tomar serão empíricas o que de certa forma constituirá um risco na tomada de eventuais decisões.

COLUNA 8 (TOTAL)

Dever-se-á inscrever o custo total de cada grupo e concomitantemente o custo da respectiva central. O total será obtido $8 = \Sigma 5 + 6 * 7$

SEE

SECTOR DE ENERGIA ELÉCTRICA
LEVANTAMENTO DOS GRUPOS TÉRMICOS

QUADRO N.º 18　　　　　　　　　　　　　　　　　　　　　　　MÊS　DE 199__

N.	LOCALIZAÇÃO	DESCRIÇÃO					CUSTO			
		MARCA	MODELO	SÉRIE	NO	SIT.	M.I.	M.E.	TAXA	TOTAL
0	1	2	3	4	5	6	7	8	9	10

FONTE:ENE/94

QUADRO Nº 18

O presente quadro reporta o levantamento dos grupos térmicos. A cabeça do quadro
será posto o nome da unidade assim como o mês e ano a informar.

COLUNA 0 (Nº) Dever-se-a inscrever o número de ordem.
COLUNA 1 (LOCALIZAÇÃO)
Dever-se-a inscrever a localização da respectiva central térmica.
COLUNA 2 (MARCA)
Dever-se-a increver a marca do respectivo grupo, exemplo Cat. Sultzer etc.
COLUNA 3 (MODELO)
Dever-se-a inscrever o modelo de fabrição.
COLUNA 4 (SÉRIE)
Dever-se-a inscrever o número da série de fabricação.
COLUNA 5 (NUMERAÇÃO)
Servirá para a numeração dos respectivos grupos
COLUNA 6 (SITUAÇÃO)
Dever-se-a inscrever a situação dos grupos, isto é o estado de disponibilidade
ou indisponibilidade dos respectivos grupos.
COLUNA 7 a 10 (CUSTOS)
Ver exemplo dos custos do quadro nº 17.

SEE

SECTOR DE ENERGIA ELÉCTRICA
CONTROLO DA CAPACIDADE HIDRÍCA INSTALADA

QUADRO N.º 19   MÊS DE 199__

N.	LOCALIZAÇÃO	DESIGNAÇÃO	SITUAÇÃO	POTÊNCIA INSTALADA (MWH)	TEMPO DE FUNCIONAMENTO	ENERGIA PRODUZIDA
0	1	2	3	4	5	6

FONTE: ENE/94

QUADRO N.º 19

O presente quadro reporta o controlo da capacidade hídrica instalada. À cabeça do quadro será posto o nome da unidade assim como o mês e o ano a informar

COLUNA 0 (N.º)
Dever-se-á inscrever o número de ordem.

COLUNA 1 (LOCALIZAÇÃO)
Dever-se-á inscrever a localização da respectiva central hídrica em primeiro lugar e nas linhas subsequentes o número de grupos (ver coluna 1 mapa 1).

COLUNA 2 (DESIGNAÇÃO)
Ver coluna 2 do mapa N°.17

COLUNA 3 (SITUAÇÃO)
Dever-se-á inscrever a situação dos grupos, isto será o estado de disponibilidade ou indisponibilidade dos respectivos grupos.

COLUNA 4 (POTÊNCIA INSTALADA)

Dever-se-á inscrever a potência de produção de cada grupo e posteriormente da respectiva central.

COLUNA 5 (TEMPO DE FUNCIONAMENTO)

Dever-se-á inscrever o tempo de funcionamento de cada grupo e posteriormente da central.

COLUNA 6 (ENERGIA PRODUZIDA)

Dever-se-á inscrever a energia produzida por cada grupo e posteriormente da respectiva central. Por outro lado, sempre que só for possível obter o controlo da energia produzida por central apresentamos a seguinte fórmula para cálculo da energia produzida por cada grupo.

	TEMPO DE FUNCIONAMENTO	ENERGIA PRODUZIDA
CENTRAL HÍDRICA DA MATALA	31 HORAS	325 MWH
GRUPO 1	20 HORAS	
GRUPO 2	5 HORAS	
GRUPO 3	6 HORAS	

CÁLCULO

$$\text{GRUPO 1} = \frac{20h}{31h} * 325mwh = 209.7mwh$$

$$\text{GRUPO 1} = \frac{5h}{31h} * 325mwh = 52.40mwh$$

$$\text{GRUPO 1} = \frac{6h}{31h} * 325mwh = 63.00mwh$$

OBS.: Os respectivo cálculos permitem-nos ter uma noção da produção de cada grupo e é sem dúvida um instrumento para a elaboração de uma política de planeamento concisa.

SEE

SECTOR DE ENERGIA ELÉCTRICA
CONTROLO DA CAPACIDADE TÉRMICA INSTALADA

QUADRO N.º 20   MÊS   DE 199__

N.	LOCALIZAÇÃO	DESIGNAÇÃO	SITUAÇÃO	POTÊNCIA INSTALADA (MWH)	TEMPO DE FUNCIONAMENTO	ENERGIA PRODUZIDA
0.0	1	2	3	4	5	6

FONTE: ENE/94

QUADRO N.º 20

O presente quadro reporta o controlo da capacidade térmica instalada. À cabeça do quadro será posto o nome da unidade assim como o mês e o ano a informar.

COLUNA 0 (N.º)
Dever-se-á inscrever o número de ordem.

COLUNA 1 (LOCALIZAÇÃO)
Dever-se-á inscrever a localização da respectiva central térmica em primeiro lugar, e na coluna, e linhas subsequentes o número de grupos onde podemos descriminar grupo 1, grupo 2 e assim sucessivamente até completarmos os grupos que constituirão a central.

COLUNA 2 (DESIGNAÇÃO)
Dever-se-á inscrever o nome dos respectivos grupos térmicos.

COLUNA 3 (SITUAÇÃO)
Dever-se-á inscrever a situação dos respectivos grupos, isto será o seu estado de disponibilidade ou indisponibilidade.

COLUNA 4 (POTÊNCIA INSTALADA EM MWH)
Dever-se-á inscrever a potência possível de produção de energia de cada grupo térmico e posteriormente da respectiva central térmica.

COLUNA 5 (TEMPO DE FUNCIONAMENTO)
Dever-se-á inscrever o tempo de funcionamento de cada grupo e posteriormente da respectiva central corresponderá o somatório das rubricas 2 e 3.

COLUNA 6 (ENERGIA PRODUZIDA)

Dever-se-á inscrever a energia produzida por cada grupo, e posteriormente da respectiva central. Em caso de impossibilidade de controlo directo da energia produzida pelos respectivos grupos consultar a fórmula do quadro Nº17 coluna 6.

SEE

SECTOR DE ENERGIA ELÉCTRICA
CONTROLO DAS SUBESTAÇÕES ELÉCTRICAS

QUADRO N.º 21   MÊS DE 199__

N.	LOCALIZAÇÃO	LINHAS					DESTINO	ANO DE ENTRADA EM SERVIÇO	CUSTO			
		15KV	30KV	60KV	100KV	220KV	DESTINO	EM SERVIÇO	M.I.	M.E.	TAXA	TOTAL
0.0	1	2	3	4	5	6	7	8	9	10	11	12

FONTE: ENE/94

QUADRO N.º 21

O presente quadro reporta o controlo das subestações eléctricas e as respectivas linhas de transporte de energia. A cabeça do mapa será posto o nome da unidade assim como o mês e o ano a informar.

COLUNA 0 (N.º)
Dever-se-á inscrever o número de ordem das subestações descriminar.
COLUNA 1 (LOCALIZAÇÃO, INÍCIO)
Dever-se-á inscrever a localização da subestação fornecedora de energia.
COLUNA 2, 3, 4, 5 E 6 (LINHAS)
Dever-se-á inscrever os respectivas km de linha por baixo de cada linha correspondente aos kv
COLUNA 7 (DESTINO)
Dever-se-á increver a localidade abastecida pela respectiva subestação ou ainda caso existir uma subestação receptora, increver o nome da subestação.
COLUNA 8(ANO DE ENTRADA EM SERVIÇO)
Dever-se-á inscrever o ano de entrada em serviço das respectivas subestações.
COLUNA 9, 10, 11 E 12 (CUSTOS)
Ver exemplo cálculo dos custos do quadro nº 17.

SECTOR DE ENERGIA ELÉCTRICA
CONTROLO DAS PRINCIPAIS LINHAS DE TRANSPORTE DE ENERGIA

QUADRO N.º 22   MÊS DE   DE 199__

N.	LOCALIZAÇÃO		N.	KV	KM	CONDUTOR	ANO		CUSTO			
	INÍCIO	FIM	LINHAS				ENTRADA	SITUAÇÃO	M.I.	M.E.	TAXA	TOTAL
0.0	1	2	3	4	5	6	7	8	9	10	11	12

FONTE: ENE/94

QUADRO N.º 22

O presente quadro reporta o controlo das principais linhas de transporte de energia. À cabeça do mapa será posto o nome da unidade assim como o mês e o ano a informar.

COLUNA 0 (N.º)
Dever-se-á inscrever o número de ordem das linhas a descriminar.

COLUNA 1 (LOCALIZAÇÃO, INÍCIO)
Dever-se-á inscrever a localização onde se inicia as linhas em epígrafe.

COLUNA 2 (LOCALIZAÇÃO, FIM)
Dever-se-á inscrever a localização onde terminam as linhas em epígrafe.

COLUNA 3 (N.º LINHAS)
Dever-se-á inscrever o número de linhas. Importante será realçar que o número de linhas só é possível juntar quando ambas tiverem os mesmos kv, e serem constituídos por condutores iguais.

COLUNA 4 (KV)
Dever-se-á inscrever os kilo volts das respectivas linhas que poderão ser de 30, 60, 100, etc.

COLUNA 5 (KM)
Dever-se-á inscrever o número de km da linha que distam do início ao fim da linha.

COLUNA 6 (CONDUTOR)
Dever-se-á inscrever o tipo de condutor da respectiva linha que poderá ser crow, cu50, 116z, etc.

COLUNA 7 (ANO DE ENTRADA)
Dever-se-á inscrever o ano de entrada em serviço das respectivas linhas.

COLUNA 8 (SITUAÇÃO)
Dever-se-á inscrever a situação das linhas, isto será o estado de disponibilidade ou de indisponibilidade das respectivas linhas.

COLUNA 9, 10, 11, e 12 (CUSTOS)
Ver exemplo do quadro nº 17

SECTOR DE ENERGIA ELÉCTRICA
INFORMAÇÃO DA ACTIVIDADE DE INVESTIMENTO

QUADRO Nº.23   MÊS DE   DE 199

Nº.	DESCRIÇÃO	MOEDA INTERNA	TAXA DE CÂMBIO	MOEDA EXTERNA	TOTAL (2+4)
0	1	2	3	4	5
1	APROVEITAMENTO HIDROELÉCTRICO				
2	GRUPOS GERADORES				
3	SUBESTAÇÕES				
4	POSTO DE TRANSFORMAÇÃO				
5	LINHAS				
6	REDES				
7	CONSTrUÇÃO CIViL				
8	CONSERVAÇÃO				
9	TELECOMUNICAÇÕES				
10	VIATURAS				
11	ASSISTÊNCIA TÉCNICA				
12	OUTROS				
13	TOTAL				

QUADRO Nº.23

O presente quadro reporta o controlo dos investimentos efectuados, em curso e programados pelo que poderá ser desdobrado em três quadro de modo a corresponder os períodos de implementação dos respectivos investimentos.

COLUNA 2, 3, 4 e 5 (CUSTOS)
Ver exemplo do quadro nº.17

ENE

SECTOR DE ENERGIA ELÉCTRICA
INFORMAÇÃO DA ACTIVIDADE DE EXPLORAÇÃO - 1

QUADRO Nº 24   MÊS DE DE 199__

Nº	DESIGNAÇÃO	SITUAÇÃO	TEMPO DE FUNC.	ENERGIA			
				PRODUZIDA	TRANSPORTADA	RECEBIDA	DISTRIBUIDA
0	1	2	3	4	5	6	7

PONTAS	DIA	HORA	MINUTO	NA PRODUÇÃO	NA DISTRIBUIÇÃO
MÁXIMA					
MÍNIMA					

FONTE:ENE/94

QUADRO N.º 24

O presente quadro reporta a informação de exploração, nomeadamente o tempo de funcionamento, energia produzida, transportada, recebida e distribuída assim como as pontas máxima e mínima registadas na distribuição de energia. À cabeça do quadro será posto o nome da unidade assim como o mês e o ano a informar.

COLUNA 0 (N.º)
Dever-se-á inscrever o número de ordem.

COLUNA 1 (DESIGNAÇÃO)
Dever-se-á inscrever a localização da respectiva central em primeiro lugar e nas linhas subsequentes o número de grupos onde podemos descriminar grupo 1, grupo 2 assim sucessivamente até completar os grupos que constituirão a central hídrica ou térmica.

COLUNA 2 (SITUAÇÃO)
Dever-se-á inscrever a situação dos respectivos grupos, isto será o seu estado de disponibilidade ou de indisponibilidade.

COLUNA 3 (TEMPO DE FUNCIONAMENTO)
Dever-se-á inscrever o tempo de funcionamento de cada grupo hídrico ou térmico e posteriormente o tempo de funcionamento das respectivas centrais.

COLUNA 4 (ENTREGA PRODUZIDA)
Dever-se-á inscrever em primeiro plano a energia produzida pelos grupos hídricos ou térmicos, posteriormente das centrais hídricas ou térmicas e finalmente a energia produzida pela unidade.

COLUNA 5 (ENERGIA TRANSPORTADA)

Dever-se-á inscrever a energia transportada de e para.

NB. A inscrição da respectiva energia transportada deve estar inscrita no total da unidade fornecedora, exemplo a unidade ENE sita na província de Huíla transporta a energia para a unidade ENE-Namibe; o respectivo registo deve constar no total da ENE-Huíla.

COLUNA 6 (ENERGIA RECEBIDA)

Dever-se-á inscrever a energia recebida pela unidade. Partindo do exemplo anterior a ENE-Namibe é que deverá inscrever no seu total a energia recebida da ENE-Huila. Posteriormente na consolidação da energia transportada e recebida acha-se as perdas verificadas no transporte.

COLUNA 7 (ENERGIA DISTRIBUÍDA)

Dever-se-á inscrever o total de energia distribuída ao consumidor final da área de jurisdição da unidade.

SEE

SECTOR DE ENERGIA ELÉCTRICA
INFORMAÇÃO DA ACTIVIDADE DE EXPLORAÇÃO

QUADRON.º 25   **MÊS DE   DE 199__**

N.	DESIGNAÇÃO	COMBUSTÍVEL		ÓLEO		MASSA		MATERIAL	TOTAL
		QUANT.	VALOR	QUANT.	VALOR	QUANT.	VALOR	VALOR	VALOR
0	1	2	3	4	5	6	7	8	9

FONTE: ENE/94

O presente quadro reporta à actividade de exploração. À cabeça do quadro será posto o nome da unidade assim como o mês e o ano a informar.

COLUNA O (N.º)
DeVer-se-a inscrever o número de ordem.

COLUNA 1 (DESIGNAÇÃO)
Dever-se-a inscrever em primeiro lugar a localização do respectivo grupo e posteriormente o nome do grupo gerador.

COLUNA 2, 4 e 6 (COMBUSTÍVEIS= l, ÓLEOS=l e MASSAS=kg)
Dever-se-a inscrever as quantidades dos consumos de combustíveis, óleos e massas durante o período da exploração dos referidos grupos.

COLUNA 3, 5 e 7 (VALOR)
Dever-se-a inscrever do custo de combustível, óleo e massas utilizados na exploração.

COLUNA 8 (VALOR DOS MATERIAIS)
Dado a dificuldade da quantificação global dos materias utiliza no processo de exploração face a sua heterogeneidade dever-se-a inscrver apenas o valor dos materiais consumidos.

COLUNA 9 (TOTAL)
Dever-se-a inscrever o total dos custos de exploração Σ 3+5+7+9

SEE

SECTOR DE ENERGIA ELÉTRICA
CONTROLO DE MANUTENÇÕES PREVENTIVAS SISTEMÁTICAS,
CONSUMO PRÓPRIO (G/KWH)

QUADRO N.º 26   MÊS DE   DE 199__

N.	DESIG.	SITUAÇÃO	Programa (MW)	QUANT. ÓLEO MUDA (L)	PERIODO MANUT. PREVE. (H)	MANUT. POR ANO	QUANT. ÓLEO MANUT. PREVE. (L)	CMP	TOTAL ANO (L)	PERIODO MUDA MASSA (H)	QUANT. MUDA MASSA (KG)	DESIG. LUBRIF. (ÓLEO)	DESIG. LUBRIF. (MASSA)	DIA MÊS ANO
0	1	2	3	4	5	6	7	8	9	10	11	12	13	14

FONTE:ENE/94

QUADRO Nº.26

O presente quadro reporta o controlo das manutenções preventivas sistemáticas, consumo próprio. Este mapa permite-nos ter uma noção das marcas de lubrificantes, nomeadamente óleos e massas.

COLUNA 0 (N.º)
Dever-se-á inscrever o número de ordem.

COLUNA 1 (DESIGNAÇÃO)
Dever-se-á inscrever em primeiro lugar a localização das respectivas centrais e, nas linhas subsequentes o número de grupos.

COLUNA 2 (SITUAÇÃO)
Dever-se-á inscrever a situação dos respectivos grupos, isto será o seu estado de disponibilidade ou indisponibilidade.

COLUNA 3 (P (MWH)
Dever-se-á inscrever a potência em MWH de cada grupo e posteriormente a potência da respectiva central.

COLUNA 4 (QUANTIDADE DE ÓLEO UTILIZADO EM CADA MUDA)

Dever-se-á inscrever a quantidade (litros) de óleo utilizado em cada muda, segundo recomendações técnicas do fabricante.

COLUNA 5 (PERÍODO DE MANUTENÇÃO PREVENTIVA)
Dever-se-á inscrever as horas necessárias para as respectivas manutenções preventivas.

COLUNA 6 (MANUTENÇÃO POR MÊS)
Dever-se-á inscrever o número de manutenções realizadas no período a informar.

COLUNA 7 (QUANTIDADE DE ÓLEO UTILIZADO NAS MANUTENÇÕES PREVENTIVAS)
Dever-se-á inscrever a quantidade efectiva de óleo utilizado nas manutenções do período a informar.

COLUNA 8 (CMP)
Dever-se-á inscrever as perdas no sistema do equipamento e no acto de abastecimento.

COLUNA 10, 11, 12
Dever-se-á seguir o mesmo raciocínio dos óleos, exceptuando as perdas de massa já que as mesmas são diminutas ou insignificantes.

COLUNA 12 e 13 (DESIGNAÇÃO)
Dever-se-á inscrever o nome do óleo e massas utilizadas na manutenção

COLUNA 14
Inscrever a data da manutenção

SECTOR DE ENERGIA ELÉCTRICA
CONTROLO DO ABASTECIMENTO TÉCNICO MATERIAL

QUADRO N.º 27   MÊS DE   DE 199__

N.º	DESIGNAÇÃO	COMPRAS LOCAIS		COMPRAS EXTERNAS			TOTAL	
		QUANT.	VALOR	QUANT.	TAXA	VALOR	QUANT.	VALOR
0	1	2	3	4	5	6	7	8
	MATERIAL PRINCIPAL							
	PRODUÇÃO							
	COMBUSTÍVEL							
	ÓLEOS							
	MASSAS							
	ACESSÓRIOS E SOBRESSALENTES							
	OUTROS							
	SUB-TOTAL							
	TRANSPORTES E DISTRIBUIÇÃO							
	LINHAS							
	TRANSFORMADORES							
	SUBESTAÇÕES							
	ILUMINAÇÃO PÚBLICA							
	POSTES							
	OUTROS							
	SUB-TOTAL							
	MATERIAL AUXILIAR							
	OUTROS							
	TELECOMUNICAÇÕES							
	EQUIPAMENTO INFORMÁTICO							
	EQUIPAMENTO DE ESCRITÓRIO							
	MATERIA PARA VIATURAS							
	COMBUST. E LUBRIF. P/ VIATURAS							
	OUTROS							
	SUB-TOTAL							
	TOTAL							

FONTE: ENE/94

QUADRO N.º 27

O presente quadro reporta o controlo do abastecimento técnico de material.

À cabeça do quadro será posto o nome da unidade assim como o mês e o ano a informar.

COLUNA 0 (N.º)
Na presente coluna estão discriminados os números de ordem dos principais indicadores do ATM.

COLUNA 1 (DESIGNAÇÃO)
Na presente coluna estão discriminados os principais indicadores do ATM.

COLUNA 2 e 3 (COMPRAS LOCAIS)
Dever-se-á inscrever as efectuadas no mercado local. Assim sendo, na coluna 2 dever-se-á inscrever as quantidades das compras, e posteriormente na coluna 3 os valores das respectivas compras.

COLUNA 4, 5 e 6 (COMPRAS EXTERNAS)
Dever-se-á inscrever as compras do mercado externo. Assim sendo, na coluna 4 dever-se-á inscrever as quantidades. Na coluna 5 a taxa de câmbio e posteriormente na coluna 6 os valores correspondentes às compras realizadas no mercado externo.

COLUNA 7 e 8 (TOTAL)
Dever-se-á inscrever o total das compras realizadas no mercado interno e externo. Assim sendo, dever-se-á inscrever na coluna 7 as quantidades das compras (quantificáveis segundo a designação) e na coluna 8 os valores correspondentes.

SEE

SECTOR DE ENERGIA ELÉCTRICA

INFORMAÇÃO DA ACTIVIDADE DE COMERCIAL

QUADRO Nº 28   MÊS DE   DE 199_____

Nº	DESCRIÇÃO	FACTURAÇÃO			ANOS ANTER.	COBRANÇAS		Nº CLIENTES
		KW	TARIFA	VALOR		DO ANO	TOTAL(5+7)	
0	1	2	3	4	5	6	7	8
1.0	ALTA E MÉDIA TENSÃO							
1.1	INDÚSTRIA							
1.2	AGRICULTURA							
1.3	ÁGUAS							
1.4	ACTIVIDADE TERCIÁRIA							
2.0	BAIXA TENSÃO							
2.1	CONSUMO DOMÉSTICO							
2.2	ILUMINAÇÃO PÚBLICA							
2.3	ACTIVIDADE TERCIÁRIA							
2.4	OUTROS (AVENÇADOS)							
3.0	SUB-TOTAL (1+2)							
4.0	OUTRAS							
4.1	TAXA DO CONTADOR							
4.2	ADICIONAL							
4.3	CAUÇÃO							
5.0	TOTAL PARCIAL (3+4)							
6.0	ANTECIPAÇÕES ANUAIS							
7.0	DESCRIÇÃO	NÚMERO		VALOR		NÚMERO		VALOR
8.0	SERVIÇOS COM TERCEIROS							
8.1	NOVAS LIGAÇÕES EM AT/MT							
8.2	NOVAS LIGAÇÕES EM BT							
8.3	SERVIÇOS PRESTADOS							
8.4	TAXA DE FISCALIZAÇÃO							
8.5	CAUÇÃO							
8.6	TAXA DE RELIGAÇÃO							
8.7	OUTRAS							
9.0	VENDAS DE MATERIAL							
10	TOTAL GERAL (5+6+8+9)							

FONTE:ENE/94

QUADRO N.º 28

O presente quadro reporta à actividade comercial. À cabeça do quadro será posto o nome da unidade assim como o mês e o ano a informar.

COLUNA 0 (N.º)
Dever-se-á inscrever o número de ordem.

COLUNA 1 (DESCRIÇÃO)
Na presente coluna estão discriminadas as tensões energéticas da ENE (AT, MT e BT) e os seus potenciais consumidores repartidos em função dos princípios técnico e económico, e outras actividades inerentes à prestação de serviços a terceiros. Dada a especificidade da respectiva coluna iremos dar uma explicação mais exaustiva das linhas que a constituem e concomitantemente a forma do seu preenchimento.

LINHA 1.0. (ALTA E MÉDIA TENSÃO)
Dever-se-á inscrever as vendas de energia realizadas na indústria.

LINHA 1.2. (AGRICULTURA)
Dever-se-á inscrever as vendas de energia realizadas nas grandes e médias empresas agro-pecuárias

LINHA 1.3. (ÁGUAS)
Dever-se-á inscrever as vendas de energia realizadas nas empresas de captação, tratamento e distribuição de água.
Obs.: Com excepção a província de Luanda que tem uma empresa para o efeito a EPAL nas restantes províncias tem a presente actividade sob responsabilidade dos governos locais. Nesta óptica os mesmos são os potenciais clientes.

LINHA 1.4. (ACTIVIDADE TERCIÁRIA)
Dever-se-á inscrever as vendas de energia em AT/MT realizadas junto dos clientes que exercem a actividade terciária, nomeadamente: hospitais, escolas, instituições das forças armadas, polícia, aeroportos e portos.

LINHA 2.0. (TENSÕES)
Dever-se-á inscrever o total de energia vendida em baixa tensão, correspondente ao somatório das linhas 2.1. e 2.4.

LINHA 2.1. (CONSUMO DOMÉSTICO)
Dever-se-á inscrever as vendas de energia realizadas junto aos consumidores domésticos ou à habitação desde que possuam contadores eléctricos.

LINHA 2.2. (ILUMINAÇÃO PÚBLICA)
Dever-se-á inscrever as vendas de energia em baixa tensão, realizadas aos hospitais, escolas, comércio e outras instituições públicas.
Obs.: Como poderão constatar grande parte dos consumidores da rubrica 1.3. estão presentes na presente rubrica, no entanto há que diferenciar o consumo energético em AT/MT e BT.

LINHA 2.4. (OUTROS "AVENÇADOS")
Dever-se-á inscrever as vendas de energia realizadas aos consumidores domésticos ou à habitação desde que não possuam contadores eléctricos.

LINHA 3.0. (SUB-TOTAL)
Dever-se-á inscrever os totais da linha 1.0 e 2.0.

LINHA 4.0 (OUTRAS)
Dever-se-á inscrever os totais da linha 4.1. e 4.3.

LINHA 4.1. (TAXA DO CONTADOR)
Dever-se-á inscrever o montante correspondente ao aluguer do contador segundo norma de serviço em vigor.

LINHA 4.2. (ADICIONAL)
Dever-se-á inscrever a percentagem sobre a factura correspondente às despesas administrativas segundo norma de serviço em vigor.

LINHA 4.3. (CAUÇÃO)
Dever-se-á inscrever a caução paga pelo consumidor como forma de garantia em caso de não pagamento segundo norma de serviço em vigor.

LINHA 5.0. (TOTAL PARCIAL)
Dever-se-á inscrever os totais da rubrica 3.0. e 4.0.

LINHA 6.0. (ANTECIPAÇÕES)
Dever-se-á inscrever as antecipações efectuadas pelos clientes inerente aos consumos futuros.

LINHA 2 (KWH)
Dever-se-á inscrever os KWH de energia vendida.

LINHA 3 (TARIFA)
Dever-se-á inscrever a tarifa de energia em vigor segundo as normas em vigor para o efeito.

COLUNA 4 (VALOR)
Dever-se-á inscrever o valor das vendas de energia apurados, obtidos da seguinte forma: (KWH*TARIFA).

COLUNA 5 (COBRANÇAS DE ANOS ANTERIORES)
Dever-se-á inscrever as receitas provenientes das vendas realizadas em anos anteriores. Por outro lado, em caso de dificuldade de destrinçar as vendas em

AT/MT, BT e os respectivos clientes o montante correspondente poder-se-á inscrever apenas no total parcial (rubrica 5.0.).

COLUNA 6 (COBRANÇA DO ANO)
Dever-se-á inscrever o total de cobranças realizadas pelas vendas de energia do ano a informar.

COLUNA 7 (TOTAL)
Dever-se-á inscrever o total de cobranças efectuadas, que corresponderá o somatório da coluna 5 e 6.

COLUNA 7 (NÚMERO DE CLIENTE)
Dever-se-á inscrever o número de clientes repartidos em função dos potenciais clientes descriminados na coluna 1.

COLUNA 8 (SERVIÇOS COM TERCEIROS)
Dever-se-a inscrever o total dos custos com os serviços com terceiro, $\Sigma 8.1$ à 8.7

COLUNA 9 (VENDAS DE MATERIAIS)
Dever-se-a inscrever o valor de receita obtida com a venda de materiais

COLUNA 10 (TOTAL GERAL)
Dever-se-a inscrever o total de receita apurada, $10 = \Sigma 5+7+8+9$

TAREFAS PARTICULARES E DIVISÃO DE RESPONSABILIDADE NO SECTOR DE ENERGIA ELÉCTRICA

QUADRO N.º 29

		RESPONSABILIDADE PRINCIPAL - 1		
		SEEA	ENE	SISTEMAS
1	Tarificação	X	X	
2	Financiamento	X	X	
3	Análise económica e ligação com objectivos			
	Do desenvolvimento	X	X	
4	Directivas dos programas e regulamentação	X	X	
5	Previsões		X	
6	Identificação das zonas a electrificar		X	X
7	Planificação técnica		X	X
8	Comando do equipamento		X	X
9	Construção		X	X
10	Manutenção: identificação			X
	Reparação		X	X
11	Normalização		X	
12	Incitação a cooperação regional	X	X	
13	Formação profissional		X	
14	Controlo		X	X
15	Contabilidade		X	X
16	Documentação		X	X
17	Facturação			X
18	Relação com os consumidores			X
19	Promoção		X	X

1 - A presença de um asteristico em duas colunas significa que a tarefa pode ser

Executada conjuntamente ou por um dos dois organismos

FONTE:BM/76 (Adaptação da tabela 13)

BIBLIOGRAFIA

AIE (1987), (Agence International d´ Énergie), Les Economies d´Energie dans les Pays de l´AIE, OCDE, Paris.

BAD (1986), (Banque Africaine de Développement), Repport Provisoire, Plan Directeur de developpement du système Production Transport de Angola HT Vol III.

BAD (1996), (Banque Africaine de Developpement) African Developpement Report.

BALASSA, B: (1977), Policy Reform in Developing Countries – Copiright (Tradução A. M. Teixeira e C.ª Filhos LDA Reforma da política Económica nos PVD – Livrária Classica Editora, Lisboa.

Banco de Portugal (1996) Evolução das Economias nos PALOP, Lisboa.

BARROS, H. (1991), Análise de Projectos de investimentos, SILADO, Lisboa

BÉRAUD, P. (1995), Commerce International Industrie et Developpement: renouveau des débats théoriques et application aux relation euro-méditerranées (Texto de apoio do curso de Mestrado em Desenvolvimento e Cooperação internacional - ISEG), Lisboa

CARDOSO, F. (1993), Gestão do Desenvolvimento Rural, Moçambique no contexto da África Sub-Sahariana, Fim do Século Edições Lda, Lisboa

Chaier Fancois (1994), Nº267 Juillet-Septembre, Paris.

CHANDAVARKAK, A. (1990), Macroeconomic Savings Perfomance in Developing Countries: a "State of the Art" Report Developpment Centre – Technical Paper Nº.11, OCDE, Paris (Tradução René Ormazabal Tapia, Aspectos Macroeconómico, Fluxos Externos e Desenvolvimento da Poupança Interna nos PVD: Um Relatório Sobre Aspectos e Arte, Centro de Estudos Sobre África e do Desenvolvimento, Documento de Trabalho Nº.32 – ISEG), Lisboa.

Convenção de Lomé IV (1995), Texto Revisto pelo Acordo das Mauricias em 4 de Novembro(texto de apoio do curso de Mestrado em Desenvolvimento e cooperação internacional ISEG), Lisboa.

CRAVERS D./NELSON J. (1963), Ordenamento de la Energia em Amereica Latina, Emece, Buenos aires.

CRUZ, R. (1992), Fiscalidade e Desenvolvimento Económico e Social de Angola Ciência e Técnica Fiscal, Nº366, *Lisboa*.

DIALLO et al. (199?), Leçon pour une Planificacion de Energitique en Africa, CIFOP-END.

Diário da República de Angola I Série Nº 18 (1995), (Regulamento do Processo de Investimentos Públicos), Decreto Nº11/95 - 5 de Maio, Luanda.

DODSWORTH, J. (1997), Finanças e Desenvolvimento, FMI, Março.

DUARTE, H.(199?), Revista Portuguesa de Electricidade-EDEL Lda, Nº337, Lisboa.

E/ECA/CM.17/2 – L'Integration Economique en Afrique – Situation et Perspectives: Le Pont de Vue de la Commission Economique des Nations Unies pour L'Afrique.

EDP (1994), (Electricidade de Portugal), Revista EDP, Número Especial Julho, Lisboa.

EDP (1997), (Electricidade de Portugal), Sistema Tarifário de Venda de Energia Eléctrica, Lisboa.

EUROSTAT, (1994), ACP: Statisque de Base.

FERREIRA, M. (1995), Angola da Política Económica às Relações com Portugal, CCPA, Lisboa.

GALBRAITH, J. (1980), Theory of Price Control - Harvard University Press, Massachusetts, (Tradução Alvaro de Figueiredo, Coleção Universidade Moderna Número 71), Colecção Dom Quixote, Lisboa.

GODET, M. (1985), Prospective el Planification Estrategique, CPE, Paris

IEEI, (1995), (Instituto de Estudo Estratégia Internacional), Forum Euro/ Latino Americano – A Integração Aberta, Lisboa.

INE (1982),(Instituto Nacional de Estatistica), Estatíastica do Comercio Externo de Angola, Luanda.

INE (1989/96),(Instituto Nacional de Estatistica,) Estatísca Económica e Social de Angola, Luanda.

INE (1996), (Instituto Nacional de Estatistica), Perfil da Pobreza em Angola, Luanda.

Instituto de Investimento Estrangeiro de Angola (1995?), Relatório de Actividade, Luanda.

JOHN, A. King, J. (1970), La Evaluacion de Projecto de Desarrollo Economico - Experiência do Banco Mundial, Editores Tecnos, Madrid.

LOVE, A. (1991) Cooperation Pour le Éveloppement, OCDE, Paris.

MCCORMICKS, S. (1994), The Angolan Economy: Prospects for Growth in a Postwart Environment, Center For Strategic Internacional Sutudies, Washington.

MENDES, J. (1994) Á Procura Residencial de Electricidade em Portugal (Tese de Doutoramento Defendido no ISEG), Lisboa.

MENDONÇA, A. el al (1992), Câmbios Financiamento e Riscos, (Texto de apoio do curso de Pós-graduação em Estratégia de exportação-CEDIN-ISEG), Lisboa.

MELLER, P.(1987), Revision de los Enfoques Teoricos Sobre Ajuste Externo, Revista da CEPAL Nº32, Agosto.

Ministério da Indústria e Energia, (1995), Energia 1995-2015, Estratégia para o Sector Energético, Lisboa.

MORAIS, E. (1997), (Vice-Ministro das Finanças de Angola), Jornal Correio da Manhã 18/09, Lisboa.

MOTA, A. e TOMÉ, J. (1992), Mercados de Títulos Uma Abordagem Integrada, Texto Editora, Lisboa.

MOURA, J (1997), O Planeamento do Desenvolvimento. Análise Crítica da Experiência Portuguesa, Centro de Estudo de Informação Cientifica e técnica, Lisboa.

MPLA-PT (1985), Programa Económico e Social, Luanda.

NETO, J. et al (1994) Metodologia para Recolha de Dados, GPE-ENE, Luanda.

NTUMU, L (1990), La Communauté Economique Europeenne et Integrations Regionales des Pays en Developpement, Etabs Émile Bruylant, Bruxelles.

OCDE (1985), (Organization de Coopération et Developpement Économiques), Effect sur l'Environnement de la Production de l'Electricité, Paris.

PERCEBOIS, J. (1989), Economie de l'Energie, Paris.

PINHEIRO J. (1995), Prioridade para a Cooperação União Europeia-ACP, ISEG, Lisboa.

PNUD/BM et (1989), (Relatório do Programa Conjunto PNUD/BM/ Agências Bilaterais de Assistência à gestão do Sector de Energia) Angola: Problemas e Opções no Sector Energético, Relatório Nº 7408-ANG, New York

ROQUE, F. et al (1991), Economia de Angola, Bertrand Editora, Lisboa.

ROQUE, F: (1997), Construir o Futuro em Angola, CELTA-Oiras, Lisboa.

ROSA, L. el al (1984), Energia e Crise, Vozes, São Paulo

SADC (1996), Energy Cooperation Policy and Strategy – SADC Energy Sector TAU, Luanda

SADC, (1994), (Southern African Development Community, 26-28 January, Botswana

SAMULSON, P. (1981), (Economcs,11ª Edição, Mcgraw – Hill Book Compny, New York(5.ªEdicão Tradução Fundação Calouste Gulbenkian), Lisboa.

SANTOS, J et (1994), Macroeconomia Exercícios e Teoria, Mcgraw-Hill de Portugal, Lisboa

Seminário (1993), La Tarifa a Costo Marginal en le Sector Eléctrico Argentio, 9 à 10 de Setembro, Buenos Aires.

SEVETTE, P. (1963), L'Economie de l'Energie dans les Pays en Voi de Developpement, Institut d'Etud du Developpement Economique et Social de Paris.

SILVA, A./NEVES, J. (1993), Finanças Públicas e Políticas Macroeconomicas, Universidade Nova de Lisboa.

TANZI, V. (1995), Finanças e Desenvolvimento, Dezembro, FMI.

TORRES, A. (1994), Problemas do Desenvolvimento, (Texto de apoio do curso de Mestrado em Desenvolvimento e Cooperação Internacional ISEG), Lisboa

TORRES, A. (1995), Crise Económica em África e Relações com a Europa no Final do Século.(Texto de Apoio do Curso de Mestrado em Desenvolvimento e Cooperação Internacional, ISEG), Lisboa.

TORRES, A.(1997), Jornal Expresso 23/08, Lisboa

UNESCO (1994),(United Nations Educational Scientific and Cultural Organization) Energie et societé, Paris.

United Nations (1986),) Fuente de Energie para el Suministro de electicidade de Interes para los Países en Desarrolo, Neuva York.

United Nations (1996), Annuaire des Statistiques de l'énergie, New York.

VIEIRA, R. (1990), Cahora Bassa no Desenvolvimento de Moçambique e na Política Portuguesa de Cooperação, (Tese de Mestrado defendida no ISEG), Lisboa.

World Bank (1996), African Development Indicators, Washington.

World Bank(1995), Le Monde du Travail dans une Economie sans Frontieres, Washington.

World Bank (1976), L'Electrification Rural, New Washington.

World Bank (1990), África Subsariana da Crise até ao Crescimento Sustentável, Washington.

World Bank (1992) Staff Appraisel Report People'S República of Angola, Power Sector Reabilitation Project – Report Nº.10524 – ANG, Washington.

World Bank (1994), Ajustamento em África, Washington

World Bank (1995), Strutural and Adjustament – Repport nº 1491/95, Washington

CURRICULUM VITAE

1 – DADOS PESSOAIS
Nome: João de Jesus Afonso Domingos Neto
Data de nascimento: 25 de Janeiro de 1961
Naturalidade: Luanda, República de Angola
Estado Civil: Solteiro

2 – HABILITAÇÕES LITERARIAS
Frequência do Programa de Doutoramento em Gestão Económica e Ciências da Decisão na Universidade de Évora, nos anos académicos 2009/2013

Curso de Agregação Pedagógica pela Universidade Agostinho Neto UAN 2005/06.

Mestrado em Desenvolvimento e Cooperação Internacional, pelo Instituto de Superior de Economia e Gestão de Lisboa, tese: O Impacto do Planeamento do Sector de Energia Elétrica Angolano no Processo de Integração Regional da Africa Austral ao 13 de Outubro de 1998.

Pós – graduado em Desenvolvimento e Cooperação Internacional, pelo Instituto de Superior de Economia e Gestão de Lisboa, no ano académico 1996/97.

Licenciado em Economia na especialidade de Contabilidade e Finanças, pela Faculdade de Economia de Luanda da UAN, no ano académico de 1991/92.

3- FORMAÇÃO PROFISSIONAL
3.1 – Seminários
Gestão de Empresas Públicas nível Avançado, 13 dias (150 horas) ministrados pelo Galille Colleg, Israel 2004.

Curso básico de Gestão de Stock, com a duração de 30 dias, ministrado pela Inter Sismetic/ Luanda 1990.

3.2 Outas formações
Curso básico de informática (MS-DOS, Word, DBASE/1992, WINDOWS, WINNWORD, EXECEL/1996) Ministrado pela Sinform/ Luanda, com a duração de 30 dias e pelo instituto da Juventude Portuguesa/Lisboa, com a duração de 20 horas.

Curso básico de Mecânica de Aviação, especialidade Motor e Fuselagem MF -MIG 21, Força Aérea Popular de Angola FAPA, 1981, atividade exercida até ao ano de 1989.

4 – ATIVIDADE PROFISSIONAL
Secretário do Conselho Cientifico da Faculdade de Economia da UAN 2003/06

Professor Auxiliar da Faculdade de Economia de Luanda, da Universidade Agostinho Neto, lecionanda as cadeiras de Introdução a Gestão e Organização e Direção de Empresas, a partir do ano académico 2001/02.

Professor da cadeira de Introdução a atividades económicas no Instituto Médio de Economia de Luanda IMEL, 1990.

Professor da cadeira de Historia, na escola de Base do II nível Mandume, Lubango 1980.

Chefe de Gabinete de Planificação e Estatística da Empresa Nacional de Eletricidade de Angola ENE, Luanda 1992/94.

Técnico superior da Direção Central de Administração e Finanças na ENE, Luanda 1990/92